L'ALTRA MEDICINA / 198

La collana 'L'altra medicina' propone terapie, tecniche e rimedi a sostegno di un 'progetto-salute' in una visione complessiva della persona come insieme inscindibile di corpo, mente e spirito. Sua finalità è il benessere integrale, non soltanto l'assenza della malattia o la guarigione.

Alcune delle discipline complementari trattate sono talvolta guardate con diffidenza dalla medicina ufficiale perché la loro efficacia – per quanto riscontrata nell'uso – non è stata dimostrata da sperimentazioni scientifiche classiche.
Il ricorso a queste medicine è però una realtà in continua espansione in tutto il mondo e il diffonderne la conoscenza appare un doveroso atto di informazione.

Ognuno degli argomenti della collana 'L'altra medicina' è il risultato di una scelta svolta a livello nazionale e internazionale tra tutto ciò che di meglio viene scoperto, provato e pubblicato in tema di salute e di benessere. Forma di presentazione e linguaggio dei volumi sono curati in modo tale da poter essere compresi da chiunque, perché tutti vi possano trovare concrete indicazioni a beneficio della propria esistenza.

Indirizzo Internet: http://www.rededizioni.it

Tiziana Valpiana, Matilde Parona

le **RICETTE** *per l'alimentazione naturale* *del* **BAMBINO**

edizioni
red!

autrici Tiziana Valpiana, Matilde Parona
redazione Serena Betti, Angela Giaccardi
editore red edizioni, Novara © 1999

edizione III

anno 2002

Le autrici

Tiziana Valpiana, assistente sociale, è stata tra le fondatrici dei centri Il Melograno, sorti in diverse città per fornire un aiuto concreto ai genitori durante la gravidanza, il parto, l'allattamento e i primi anni di vita del bambino. Ha scritto per le edizioni red *Alimentazione naturale del bambino*, *L'agenda della maternità*, *Curarsi con l'argilla*. Eletta al Parlamento italiano, ha partecipato ai lavori della Commissione bicamerale per l'infanzia.
Matilde Parona, laureata in Psicologia e madre di due bambini, da anni si occupa di alimentazione naturale per l'infanzia attraverso l'organizzazione di corsi e conferenze.

Come utilizzare nel modo migliore questo libro

I primi capitoli del libro ('Fabbisogni alimentari e sviluppo fisico' e 'Gli elementi indispensabili per la vita') costituiscono un'introduzione generale sui principi dell'alimentazione naturale per i bambini: comprendono l'analisi dei vari elementi indispensabili all'organismo e consigli specifici per la preparazione e la cottura dei cibi.

Seguono alcuni capitoli pratici, divisi per fasce d'età (dalla nascita fino a circa 10 anni), in cui sono indicate ricette (di primi piatti, secondi piatti, contorni e dessert) valide per tutte le occasioni.

Nei capitoli finali vengono poi segnalate alcune esperienze particolari relative a mense scolastiche in cui sono state poste maggiori attenzioni e risorse da parte delle amministrazioni locali ('A scuola di mensa'), e vengono fornite indicazioni alimentari specificamente rivolte a bambini ammalati o convalescenti ('Il bambino ammalato').

Nell''Appendice bibliografica e documentaria', infine, sono forniti titoli di volumi per chi vuole approfondire temi specifici, e indirizzi di associazioni che si occupano sotto vari aspetti del rapporto tra genitori e figli.

Fabbisogni alimentari e sviluppo fisico

Il bambino, nei primi 7-9 anni di vita, è sostanzialmente occupato a crescere. Il corpo fisico è, in altri termini, lo 'strumento' di cui questa nuova persona si dota per entrare nel mondo e mettersi in relazione con esso.

La crescita fisica della fase embrionale è davvero impressionante: dal momento del concepimento a quello della nascita l'aumento di peso e di volume è difficilmente esprimibile in termini puramente numerici.

Dalla nascita ai primi mesi il peso raddoppia, per poi continuare a crescere con un ritmo importante, anche se meno eclatante.

Per seguire questo ritmo, l'organismo del bambino è dotato di una propria energia vitale interna che necessita, per esplicitarsi, di un nutrimento consono alle varie tappe dello sviluppo fisico.

Il bambino appena nato ha bisogno del latte materno: l'alimento magico che permette al piccolo della razza umana di identificarsi con la sua specie. Con il latte succhia i nutrienti di cui ha bisogno, ma assorbe anche amore, cultura e conoscenze.

Una delle caratteristiche più sbalorditive del latte materno deriva dalla sua capacità di essere un alimento in continua evoluzione, che segue le modificazioni del bambino, le sue esigenze e le sue variabili necessità.

Quando, poi, arriva il momento in cui il corpo del bambino è attrezzato per assumere anche altri alimenti, si passa, con lo svezzamento, a dipendere non più solo dalla mamma, ma anche dalla Madre Terra che offre i suoi cibi di supporto.

Il bambino si affaccia sul mondo, è pronto a nutrirsi del cibo che gli fornisce la natura ed è anche pronto a entrare in contatto con altre persone, al di fuori della stretta cerchia famigliare.

La crescita del bambino è incredibilmente veloce, per alcuni aspetti, ma nel nostro clima culturale appare, invece, eccessivamente lenta. Molto spesso i bambini sono svezzati prima del necessario e, dopo lo svezzamento, si passa comunque troppo precocemente al cibo degli adulti, inserendo alimenti nuovi e troppo variati.

Nei nostri supermercati, nei centri commerciali ove regna la sovrabbondanza, è possibile trovare in ogni stagione una varietà di alimenti senza pari: in pieno inverno ci vengono offerte fragole e ciliegie, nei paesi del Nord Europa si consumano tranquillamente per tutto l'anno prodotti tropicali come banane, ananas, avocado, eccetera.

Carne, pesce e formaggio, grazie alle moderne tecnologie del freddo, si conservano per moltissimo tempo, e i collegamenti internazionali spostano enormi quantità di merce dall'Argentina all'Europa, dalla Cina agli Stati Uniti, collegando fra loro i quattro angoli del mondo.

Questo mercato allargato, ovviamente, finisce con l'influenzare in maniera profonda sia la dieta degli adulti sia quella dei bambini.

Cibi che, fino alle passate generazioni, erano consumati occasionalmente o stagionalmente, diventano abitudine quotidiana: la banana, il pomodoro, gli agrumi, la carne...

Il corpo del bambino che cresce non ha necessariamente bisogno di provare tutti i cibi di questa terra, di sapori sempre nuovi ed eccitanti (altrimenti non mangia...), anzi.

All'inizio, è sempre buona norma partire con un ventaglio abbastanza ristretto di proposte, con pochi cibi sicuri e genuini, variando, questo sì, il più possibile, sistema di cottura, preparazione e presentazione. È altrettanto importante seguire il ritmo delle stagioni e la produzione locale.

FRESCO E DI STAGIONE È MEGLIO

Quando il bambino smette di essere totalmente dipendente dalla madre, viene accolto da un altro abbraccio: quello della natura.

Così come prima riceveva alimento dalla madre, che produce latte diverso a seconda delle diverse esigenze del proprio bambino, così anche la Madre Terra lo nutre seguendo ritmi e cadenze stagionali.

Il bambino, crescendo, sperimenta tutta una serie di ritmi ciclici ai quali piano piano si adegua. I ritmi del giorno e della notte e quelli delle stagioni, a loro volta legati alla durata della luce e al variare della temperatura, il sonno e la veglia, gli orari dei pasti e del cambio...

Possiamo aiutare il bambino in questa esperienza anche offrendogli cibi il più possibile legati alla stagione, acquistando e cucinando frutta e verdura che cresce e giunge a maturazione spontanea in ogni determinato periodo dell'anno.

Non bisogna temere di preparare piatti troppo monotoni se alcune stagioni non offrono una grande varietà di scelta, perché anche questo può essere, per il bambino, un segnale di quanto sta succedendo 'fuori', in natura. L'inverno, per esempio, non è certamente una stagione in cui si sperimentano i cambiamenti o la 'varietà'.

Per quanto riguarda le ricette, chiediamo aiuto alla nostra fantasia, alla nostra inventiva.

Un altro accorgimento di cui vale la pena servirsi per seguire armoniosamente i cambiamenti stagionali consiste nel variare i tipi di cottura.

L'uomo, ricordiamolo, è l'unico animale che sa padroneggiare l'uso del fuoco e che cucina il proprio cibo.

L'arte della cucina è una sorta di alchimia che permette di infondere nei vegetali, nei chicchi o in sostanze inanimate (come la carne e il pesce) la forza del calore che li trasforma, quasi per magia, in elementi nutrienti adatti al nostro corpo.

Cucinando, possiamo trarre nutrimento dal regno minerale, dal regno vegetale e da quello animale e trasmutare sostanze inerti in materia organica, vivente!

Durante la stagione calda preferiremo le cotture brevi e leggere (solo una scottatura in acqua bollente, per esempio), mentre, nei periodi di freddo più intenso, ricorreremo a tipi di cottura quali gli stufati, gli stracotti, le zuppe cucinate a lungo, qualche cottura al forno.

Nelle stagioni di passaggio, la primavera e l'autunno, stagioni di 'movimento' in cui tutto muta piuttosto in fretta, c'è maggiore libertà di scelta anche se ci si adeguerà, comunque, al clima. In primavera e autunno, periodi di cambiamento, spesso si manifestano allergie e malattie da raffreddamento.

È utile prevenire ciò che potrebbe succedere, in modo da aiutare l'organismo ad affrontare la fatica dovuta al rinnovamento, nella fase di passaggio dall'inverno all'estate, e allo 'stoccaggio' delle riserve, quando invece si passa dall'estate all'inverno.

In primavera sono molto indicate le erbe selvatiche (ortica, malva, tarassaco) e qualche erba aromatica (prezzemolo, rosmarino, timo) perché aiutano a depurare e remineralizzare l'organismo.

In autunno, invece, ci si protegge con alimenti zuccherini (amidi) e leggermente più grassi, per mettere da parte le riserve necessarie ad affrontare meglio i rigori dell'inverno, un po' come fanno gli scoiattoli, i ghiri o le stesse piante.

Gli elementi indispensabili per la vita

Per crescere e mantenersi in forma, l'organismo umano ha bisogno di approvvigionarsi di vari elementi: carboidrati, proteine, vitamine, grassi, eccetera, che, fortunatamente, sono tutti presenti nell'ambiente che ci circonda.

I carboidrati (glucidi)

I carboidrati costituiscono la parte essenziale per la vita. Dalla loro ossidazione, infatti, l'organismo ricava l'energia di cui ha bisogno per svolgere tutte le sue attività. Per meglio comprendere possiamo pensare a questi semplici paragoni: i carboidrati sono la benzina che fa marciare l'automobile, oppure la legna da ardere che, una volta accesa, produce calore e vapore, ovvero l'energia utilizzabile per scaldarsi e cucinare, capace di azionare treni e macchinari.

Costituiscono inoltre il materiale indispensabile per ogni sforzo muscolare e per l'utilizzo sia delle proteine sia dei grassi. Si possono suddividere in tre grandi gruppi.

1. I **monosaccaridi** o zuccheri semplici, come il glucosio (in natura si trova spesso combinato con altri zuccheri e, in particolare, nell'uva e nel miele) e il fruttosio (nella frutta matura e nel miele). Questi zuccheri non hanno bisogno di essere digeriti, perché vengono assorbiti dall'intestino in pochissimi minuti e subito dopo entrano in circolo nel sangue. La loro combustione crea energia immediata che, altrettanto velocemente però, si esaurisce.
2. I **disaccaridi** o zuccheri composti, come il lattosio (che si trova nel latte), il maltosio (nell'orzo germinato e nel miele) e il saccarosio (nella frutta, nella canna da zucchero, nelle radici come le carote e la barbabietola, nella linfa dell'acero).
3. I **polisaccaridi** o zuccheri complessi, come gli amidi e la cellulosa. I primi sono gli zuccheri più importanti per l'organismo, perché costituiscono la fonte principale di energia e di glucosio e nutrono sangue, fegato e cervello. Sono presenti nei cereali, nei legumi, nelle patate e nelle radici. La cellulosa, invece, è un polisaccaride che si trova nelle fibre e nelle parti più legnose dei vegetali, nella verdura, nella frutta, nei legumi e in quantità maggiore nei cereali (crusca). Anche se non attaccata dai succhi gastrici, quindi non digerita, la crusca è molto importante nell'alimentazione di tutti i giorni perché, oltre al fatto di racchiudere sostanze vitali come vitamine, sali minerali e oligoelementi, fa massa e mantiene pulito l'intestino. Un'alimentazione troppo 'raffinata' (pane bianco, pasta bianca, riso bianco,

oltre a carne e zucchero, tutti prodotti poveri di fibre) si accompagna molto spesso a gonfiori, fermentazioni e stitichezza che possono generare nervosismo, irrequietezza, stanchezza, eruzioni cutanee. Questi zuccheri, a differenza dei monosaccaridi, forniscono un tipo di energia a lenta combustione i cui effetti si protraggono più a lungo nel tempo.

Molti sono i genitori che, senza tentennamento alcuno, somministrano ai loro bambini, anche piccolissimi, quantità incredibili di zucchero, o, comunque, di prodotti fortemente zuccherati (gelati, caramelle, cioccolatini, biscotti, merendine): lo zucchero bianco raffinato è ricavato dalla lavorazione in laboratorio della barbabietola o, più raramente, della canna, un prodotto chimico al 95%, quindi con la totale alterazione degli equilibri organici più delicati, al quale sono state tolte tutte le sostanze nutrienti.

Per questo sarebbe buona cosa evitare totalmente l'uso dello zucchero, ma anche dei prodotti che lo contengono, sostituendolo, se necessario, con altri dolcificanti di migliore qualità: i vari tipi di malto di cereali, in primo luogo (malto di mais, di riso, di orzo o di frumento), la frutta secca o, più saltuariamente, il miele.

Le proteine

Le proteine sono la parte strutturale con cui il nostro corpo è costruito. Le possiamo paragonare, per rendere l'idea, ai mattoni con cui vengono fatti i muri di una casa.

Si chiamano 'proteine' tutte quelle sostanze animali o vegetali che, dopo il processo di degradazione operato dai succhi gastrici, forniscono gli stessi prodotti finali: gli amminoacidi, ricchi di sostanze azotate, fondamentali per la vita stessa.

Il ruolo degli amminoacidi è indispensabile, in quanto essi fanno parte della composizione chimica di ormoni, enzimi e di alcune vitamine, oltre che degli anticorpi immunitari.

In natura esistono migliaia di amminoacidi ma, fra tutti, solo otto vengono chiamati 'essenziali' per il fatto che, non potendo essere prodotti dall'organismo, debbono essere forniti dagli alimenti in cui sono presenti.

Lo stomaco produce succhi gastrici specifici a seconda delle categorie di proteine che si trova a dover digerire, perciò è bene non mescolare in uno stesso pasto proteine di diverse qualità, come carne e legumi.

Il processo digestivo viene poi completato a livello di intestino tenue con la trasformazione delle proteine in amminoacidi.

Fra questi, l'organismo sceglie quelli che gli sono necessari, mentre quelli in eccesso, una volta privati del loro contenuto in azoto, vengono trasformati in sostanze di rifiuto ed espulsi con le urine.

Troppe proteine affaticano inutilmente fegato e reni, oltre a creare uno stato permanente di acidificazione e intossicazione del sangue; inoltre, un *surplus* di amminoacidi facilita l'aumento di colesterolo nel sangue (disturbi cardiovascolari) e l'accumulo di grassi nell'organismo (obesità).

L'apporto medio giornaliero di proteine per un adulto può essere pari al 15-20% circa del cibo consumato, mentre per bambini e ragazzi in fase di crescita questa percentuale può essere anche un po' più alta.

Le proteine possono provenire da prodotti vegetali (legumi, cereali integrali, semi oleosi) o animali (carne, pesce, uova, formaggi e latticini in genere).

Le proteine animali sono state alla base dell'edificazione del mito della dieta iperproteica occidentale che ci ha accompagnato dal dopoguerra ai giorni nostri. Solo da pochissimo tempo si tende a registrare un'inversione di tendenza a questo proposito, e sono sempre più numerose le voci anche autorevoli di medici ed esperti del settore che mettono in guardia da un loro esagerato consumo. I danni derivanti da un eccesso di proteine animali sono notevoli e numerosi: putrefazioni intestinali con conseguente iper-proliferazione microbica, condizione iper-eccitata del sistema digerente e dell'apparato cerebrale, accumulo di eccessi azotati e tossine, assorbimento di medicinali anabolizzanti, antibiotici e sulfamidici somministrati pesantemente agli animali da allevamento, produzione di muco e catarro (che sono la premessa ideale per la formazione di cisti, tumori e cellulite) soprattutto nel caso di forti assunzioni di latte e formaggi in genere...

Questa categoria di alimenti può essere consumata in maniera occasionale e in quantità limitata e non è, come spesso si sente dire, indispensabile per la crescita del bambino. Inoltre, la difficoltà che si incontra per procurarsi carne o uova di buona qualità, vale a dire di provenienza sicura e conosciuta, ha determinato la scelta di non presentare in questo libro ricette a base di proteine animali.

Anche per quanto riguarda latte e latticini, l'approccio è

stato lo stesso: latte di mucche sane e cresciute libere al pascolo è merce estremamente rara, così come i formaggi.

Senza escludere a priori questi alimenti, è bene però cercare e scegliere formaggi la cui provenienza sia controllata e la lavorazione artigianale, evitando i formaggi venduti al supermercato, i formaggini fusi o le famigerate sottilette, e consumandoli così come sono, senza cuocerli o fonderli.

Un pezzetto di formaggio con il pane o sopra una fetta di polenta calda sarà molto più gradito e apprezzato, dal palato 'semplice' di un bambino, di piatti elaborati dove il formaggio è uno degli alimenti 'nascosti' tra mille altri.

Le proteine presenti nei vegetali hanno caratteristiche che le rendono più equilibrate e meglio adatte all'organismo.

Sono tantissimi i vegetali che contengono una quota importante di proteine, unite a carboidrati, pochi grassi, sali minerali e vitamine.

Nei legumi, nei cereali integrali e nella frutta oleosa sono presenti tutti gli amminoacidi essenziali utili all'organismo. I primi andrebbero cucinati con un pezzo di alga kombu e/o un pizzico di semi aromatici (anice o finocchio), salati solo a fine cottura, consumati in giusta quantità e masticati molto bene. Con questi accorgimenti, di solito, si evitano, anche nei bambini, quei fastidi, come il meteorismo, che potrebbero insorgere a causa di una flora batterica non adatta.

Anche i cereali integrali (in particolare il frumento) contengono una buona quantità di proteine, oltre alle altre sostanze nutritive necessarie, tra cui i carboidrati, per cui, una volta abbinati con un po' di legumi o con altre fonti di proteine vegetali come tofu e seitan, procurano all'organismo l'intero ventaglio di sostanze di cui ha bisogno.

I grassi (lipidi)

I grassi riparano il corpo dal freddo e costituiscono una riserva che l'organismo può utilizzare in caso di necessità. Hanno, quindi, una funzione importante e positiva, e fa un po' sorridere tutta quella pubblicità che spinge al consumo di cibi *light* (a basso contenuto di grassi) senza mettere in discussione il contesto alimentare generale, fatto di alimenti chimici, raffinati, adulterati, colorati e conservati.

Le caratteristiche di un determinato grasso dipendono dal tipo di acidi grassi di cui è costituita la sua molecola. Questi acidi possono essere:

• **acidi grassi saturi**, presenti nei prodotti e sottoprodotti animali, nella margarina e negli oli raffinati, ma anche derivanti dal metabolismo dello zucchero bianco. Quando questi acidi si uniscono al colesterolo, si depositano lungo le pareti interne delle arterie che, in tal modo, perdono la loro caratteristica elasticità: questo processo, non va dimenticato, è la porta d'ingresso dell'arteriosclerosi;
• **acidi grassi insaturi**, presenti in tutte le sostanze vegetali, magari in piccolissime quantità. In presenza delle vitamine E e B_6 agiscono sul metabolismo del colesterolo, aiutano il processo di crescita dei bambini, rinforzano le arterie e contribuiscono a far mantenere alle membrane cellulari un normale stato di permeabilità.

Tutti gli oli non raffinati consumati a crudo o anche riscaldati, purché non venga raggiunto il 'punto di fumo', hanno delle proprietà che variano in funzione del tipo di semi presenti. Un uso ragionato dei differenti tipi di olio di qualità (extravergine di oliva, di mais, di sesamo e di girasole, tutti possibilmente biologici e ottenuti per spremitura a freddo) fornirà all'organismo tutti i grassi necessari.

I sali minerali

I sali minerali sono sostanze inorganiche indispensabili alle trasformazioni che avvengono nell'organismo (rapporto fra acidità e alcalinità del sangue, scambi fra cellula e cellula, funzionalità nervosa).

Di alcuni di essi è sufficiente una quantità infinitesimale (oligoelementi); per altri, invece, tra i quali il calcio, il ferro, il magnesio, il sodio e il potassio, occorrono quantità relativamente più importanti.

Una carenza di sali minerali provoca diverse manifestazioni fisiologiche a seconda del tipo di minerale mancante, mentre un eccesso può favorire l'insorgere di artrite e provocare squilibri nei loro rapporti.

Per soddisfare un normale fabbisogno è sufficiente un'alimentazione equilibrata, stagionale e genuina.

Un uso moderato ma regolare di alghe marine, per l'estrema ricchezza di minerali presenti in maniera organica, apporta all'organismo il fabbisogno equilibrato.

Il **calcio** si può trovare nei cereali integrali, nell'uva, nei fagioli freschi, nelle lenticchie e nei semi oleosi.

Il **ferro** è presente nel frumento, nella segale e nell'avena, nelle verdure verdi, nei legumi, nel prezzemolo, nella frutta secca e oleosa.

Il **magnesio** si può trovare nelle mandorle, nella soia e nei cereali integrali.

Il **potassio** è presente nei legumi secchi, nel pane integrale, nei cereali integrali e, ancora, nelle mandorle.

Se proprio volete tranquillizzarvi, potete consultare qualche buon testo di scienza dell'alimentazione nel quale troverete moltissime informazioni in merito, ma cercate di non diventare schiavi di numeri, tabelle, valori e percentuali che hanno un valore il più delle volte indicativo e aleatorio.

Le vitamine

Le vitamine sono sostanze organiche essenziali che presiedono ai processi del metabolismo (degradazione di proteine, grassi e zuccheri, trasformazione degli alimenti, eccetera).

Anche il fabbisogno vitaminico è largamente coperto da un'alimentazione variata e soprattutto fresca.

Come già detto a proposito delle proteine, esiste anche il 'mito delle vitamine'.

Cibi arricchiti di vitamine, il 'massimo delle vitamine', vitamine dovunque e ad ogni costo. Queste espressioni nascondono una strategia che può avere senso solo se riferita a un contesto alimentare fatto di cibi industriali, troppo cotti o lavorati, sterilizzati, pastorizzati e quindi, proprio per questo, privati di vitamine.

Gli enzimi

Gli enzimi sono sostanze vive che aiutano e velocizzano le varie trasformazioni chimiche, oltre a fissare i vari elementi laddove è più necessario. Alcuni enzimi vengono prodotti dall'organismo, altri sono forniti dal cibo consumato.

Ricchi di enzimi sono le mandorle, le noci, la zucca, i semi di sesamo, i cereali, la frutta e la verdura maturata al sole, tutti gli alimenti fermentati (salsa di soia, yogurt, birra e, soprattutto, quelli lattofermentati in una salamoia salata).

I liquidi

Circa il 70% del nostro peso corporeo è costituito di liquidi. Nel bambino e nel ragazzo questa percentuale è addirittura superiore, perché in essi tutto viene bruciato più in fretta: perciò è assolutamente necessario che bevano in modo adeguato. Non per questo bisogna riempirli di bevande gassate o zuccherate, come purtroppo spesso succede. Ricordate che nella frutta fresca l'acqua è presente fino all'85%, nella verdura fresca fino al 96% e nei cereali, che pure ci sembrano così 'secchi', fino al 14%!

Per 'liquido' si intendono anche una semplice minestra, un brodo vegetale, una tisana, un caffè di cereali...

Esaminate la quantità di urina e lo stato delle feci del vostro bambino, e imparerete ben presto a riconoscere eventuali condizioni derivanti da scarsa o eccessiva assunzione di liquidi. Quando cucinate per i bambini fate attenzione alla quantità di sale o di condimenti salati, per evitare un bisogno di bere indotto e non reale.

Evitate, e questo vale sia per i piccoli sia per gli adulti, bevande troppo calde o gelate. È sempre meglio consumare liquidi a temperatura ambiente: stomaco e intestino ve ne saranno riconoscenti.

Alla sera, cercate di dare al bambino una cena che non lo invogli a bere troppo e vedrete che, poco per volta, il fenomeno della pipì a letto tenderà a regredire e poi scomparirà.

DOLCE NON È ZUCCHERATO, SAPORITO NON È SALATO

Il sapore dolce è di norma quello preferito dai bambini, forse perché ricorda il sapore del latte materno, ma forse anche perché piace molto a noi adulti che lo proponiamo spesso con atteggiamento positivo, come premio o leccornia.

È anche vero che ci sono bambini che smentiscono questa affermazione, preferendo di gran lunga sapori più decisi, come il salato.

La nostra generazione si può decisamente definire come zucchero-dipendente, poiché associa il gusto dolce allo zucchero bianco raffinato, ma fino a non moltissimo tempo fa (prima dell'ultima guerra mondiale) non era proprio così.

Lo zucchero bianco raffinato era, per i nostri nonni, una rarità; le caramelle erano veramente un piccolo regalo che ci si concedeva una o due volte l'anno, in occasioni del tutto

• La diffusione degli omogeneizzati industriali è aumentata sempre più in questi ultimi anni sotto la forte influenza della pubblicità e anche per la leggerezza dei pediatri.

• È comunque la propaganda martellante a convincere i genitori che è buono solo quello che è in scatola, avallato da uomini in camice bianco e da facce stupende di bambini.

La qualità

• Consideriamo ora la qualità del cibo in scatola.

• La pappa in scatola, per non avere conservanti al suo interno, deve essere sottoposta dalla ditta produttrice a calore elevato e per tempi lunghi, trattamento che distrugge sì i rischi di infezione, ma altera in modo definitivo il valore biologico dell'alimento (distrugge enzimi, vitamine, microrganismi 'buoni').

• Ma c'è di più: si vogliono convincere i genitori che niente sia così garantito come il cibo prodotto industrialmente.

• In realtà non si sa se i controlli ministeriali vengano fatti (e soprattutto in che modo) sulla qualità delle materie prime, sull'igienicità degli impianti, sui costosi processi messi in atto per omogeneizzare e conservare, ovvero per rendere digeribili e mantenere nel tempo alimenti che diversamente nessuno darebbe a bambini tanto piccoli. Ci si può meravigliare poi della diffusione crescente delle allergie?

La scadenza

• Sui vasetti è scritto chiaramente che, una volta aperti, devono essere consumati entro le 24 ore e che possono essere dati già ai bambini di 3 o 4 mesi (dose massima, per cominciare, 1 o 2 cucchiaini il giorno). Infatti il vasetto, una volta aperto, diventa un vero e proprio brodo di coltura per microrganismi pericolosi.

• Dunque il resto va buttato via: costo ulteriore, per non parlare dello spreco inquinante dell'imballaggio (vetro, cartone).

• Un altro grave inconveniente è che essi indicano solo la data di scadenza e non quella di produzione. Nessuna mamma infatti, se lo sapesse, comprerebbe per i propri bambini cibi che sono stati messi in scatola 4 o 5 anni prima.

Il costo

• Rispetto al loro contenuto, il costo di questi prodotti è molto elevato.

• Consideriamo per esempio un vasetto di omogeneizzato di vitello: la carne costituisce metà del suo peso effettivo (diamo per scontato che sia effettivamente la migliore, come viene propagandato). L'altra metà circa è costituita da amidi di varia origine (riso, carote, legumi), grassi (quali?), aromi (naturali?) Quindi il costo del vitello o del manzo fresco, a parità di peso, quanto meno raddoppia nell'omogeneizzato.

• Molti di questi vasetti hanno poi cibi 'misti' come manzo e prosciutto: quanta percentuale di ciascuno non è chiaro a chi legge sulla confezione, e comunque il costo è identico a quello contenente solo vitello o solo pollo.

• In aggiunta, sono sempre presenti 'proteine del latte'.

• Lo stesso discorso vale se si confrontano una mela grattugiata fresca (e quindi ricchissima di vitamine e di altre sostanze vive) e il vasetto di frutta omogeneizzata che viene a costare non due, ma almeno dieci volte di più.

• Anche qui si induce nei genitori l'esigenza di cambiare di continuo i sapori, immettendo sul mercato vasetti di frutta mista come pera e banana o albicocca e mela con l'immancabile aggiunta di zucchero o di limone.

Cucinare sempre 'fresco' e lavorare meno

• Quando preparate il brodo di verdura (e si sa che il piccolo ne mangia solo pochi cucchiai), se non avete tempo, fate in modo che, con l'aggiunta di pasta e condimento, possa diventare un primo per tutta la famiglia.

• Prima di aggiungere il condimento, schiacciate le verdure con la forchetta, aggiungete un po' d'acqua o succo di carota fresco. Evitate per ora la patata, alimento squilibrato perché troppo ricca di solanina e che, una volta cotta, non può essere conservata: questo costringe a fare il brodo tutti i giorni.

particolari, come a Natale o per il compleanno. In tutte le altre circostanze, il gusto dolce era il sapore proprio del cibo, non il risultato di una lavorazione chimica.

Il 'dolce' erano le castagne, le carote, la zucca. Queste erano le leccornie che mangiavano i nostri nonni quando erano bambini!

Anche oggi, se solo il nostro palato fosse libero dal condizionamento del sapore dello zucchero, aggiunto in dosi massicce in molti alimenti, sapremmo gustare 'dolcezze' più genuine.

Un conto è la legittima 'voglia di festa' che spesso si associa al dolce, un altro è il livello eccessivo, e per questo degenerato, del suo consumo odierno.

Lo zucchero raffinato non è predigerito in bocca, si discioglie rapidamente (anche volendo, non può essere masticato) e arriva 'in massa' nello stomaco. Questa sorta di 'invasione' scatena una notevole secrezione di succhi gastrici che, a loro volta, alzano il tasso di acidità in maniera anormale. Questo fenomeno è la causa prima, in numerosissimi casi, di ulcera allo stomaco. La digestione di questi zuccheri, inoltre, richiede l'intervento di vitamine del gruppo B, necessarie per la formazione del calcio. Ecco perché i rischi di problemi dentari e alle ossa vengono frequentemente associati a un forte consumo di zucchero. Non contento di rallentare la formazione di calcio, lo zucchero è anche un fattore di decalcificazione. Infatti, una volta assorbito lo zucchero, il nostro corpo è costretto a consumare i sali di calcio di cui dispone per mantenere a livelli accettabili il pH del nostro sangue.

Anche la ricerca scientifica sottolinea, con sempre maggior vigore, il legame fra l'accresciuto consumo di zucchero e le famose 'malattie da civilizzazione'. Non vale la pena di spendere un po' d'energia per abituare diversamente i nostri bambini?

Si può fare molto per educare a distinguere i sapori, ma, innanzi tutto, è necessario evitare la dipendenza dai sapori chimici.

Si può addolcire con la **frutta secca**: uvetta, datteri, fichi, pere, mele, cachi e albicocche. Ammollata e ridotta in purea, la frutta secca è un ottimo dolcificante per torte, biscotti, macedonie e yogurt.

Se si cerca qualcosa di più specifico si può usare il **succo di mela** concentrato o al naturale, indicato come dolcificante per tutte le bevande: tè, tisane e succhi, ma anche molto adatto per creme e budini.

Per qualsiasi altro uso ogni **malto di cereali** (orzo, riso, mais, miglio, frumento) ha un particolare aspetto e una determinata sfumatura di sapore (vedi 'Alimenti di base' nel capitolo 'Dallo svezzamento ai 15 mesi', a pag. 35).

Il malto è un dolcificante di ottima qualità, e molto pratico, che si può usare anche nella fase di passaggio, qualora si decidesse di abbandonare l'uso dello zucchero bianco, poiché ne ricorda il gusto e può essere tranquillamente aggiunto a questa o quella bevanda senza modificarne fortemente il sapore.

Durante questa fase di transizione può essere utilizzato anche il miele che è, comunque, uno zucchero semplice, come il glucosio, e che ha un sapore deciso. Il miele è l'alimento specifico delle api, così come il latte vaccino lo è per i vitelli.

Un buon miele di qualità, vergine e controllato, ricco com'è di enzimi e di oligoelementi, può essere usato saltuariamente dato che, proprio per la sua specificità, ha caratteristiche più medicinali che gastronomiche.

Quanto detto a proposito del sapore dolce vale, in larga misura, anche per quello salato.

Il sale raffinato usato normalmente è cloruro di sodio (NaCl) al 99,9%: un prodotto da usare più in laboratorio che in cucina. Il cloruro di sodio è un ottimo agente conservante e per questo motivo viene largamente usato dall'industria alimentare; nella nostra cucina di casa può essere tranquillamente sostituito o eliminato del tutto.

Possiamo acquistare e usare regolarmente il sale marino integrale, ugualmente distribuito dai Monopoli di Stato, che, oltre al cloruro di sodio (96%), contiene in quantità apprezzabili molti altri elementi presenti nell'acqua di mare, quali magnesio, iodio, zolfo, calcio, potassio, boro, bromo, rame, vale a dire oligoelementi e sali minerali di cui il nostro organismo ha bisogno per il proprio funzionamento ottimale e che spesso non riesce a procurarsi in quantità adeguate con l'odierna alimentazione, priva di cibi genuini, integrali e naturali.

Nei negozi specializzati, fra l'altro, è possibile trovare tutta una serie di confezioni di sale marino integrale variamente arricchito di alghe o erbe aromatiche (rosmarino, aglio, timo, santoreggia).

Una piccola quantità di sale è sempre consigliata nella bollitura e nella scottatura, che richiedono molta acqua e nella cottura di frutta e verdura.

Per insaporire le vivande si può ricorrere anche all'uso di

erbe aromatiche come il rosmarino, la salvia, l'origano che rendono il cibo più ricco e gustoso esaltandone il sapore.

In commercio esistono diversi preparati denominati 'dado vegetale' o 'brodo vegetale' con o senza sale, che sostituiscono egregiamente i dadi di estratto di carne con glutammato monosodico di sintesi.

Per le verdure cotte, le insalate e i cereali, un ottimo condimento è il gomasio (*vedi* 'Alimenti di base' nel capitolo 'Dallo svezzamento ai 15 mesi'), una miscela di sale e semi di sesamo tostati e pestati.

Altri interessanti condimenti vegetali sono la salsa di soia (shoyu o tamari) e la pasta di soia, o miso (*vedi* 'Alimenti di base' nel capitolo 'Dallo svezzamento ai 15 mesi', a pag. 35).

LE COTTURE E GLI ATTREZZI

L'uomo è l'unico fra gli animali che cucina il proprio cibo. Questa peculiarità è legata al mito del fuoco e alla capacità dell'uomo di operare elaborazioni o trasformazioni degli alimenti che trova in natura arricchendoli con l'energia del fuoco.

Lo stesso cibo cucinato in maniera diversa acquista sapori e caratteristiche, colore, consistenza e profumo diversi.

Una carota bollita, scottata, trifolata, saltata o cotta al forno dà risultati assolutamente differenti.

Nel periodo del primo sviluppo, fino ai 6-7 anni, sono da preferire le cotture più delicate: la cottura al vapore, che salvaguarda abbastanza integralmente le caratteristiche degli alimenti, la scottatura in acqua bollente o le cotture in acqua abbondante, con fuoco medio o basso e una durata mediolunga o, più saltuariamente, una leggera saltatura con pochissimo olio.

Sono da escludere per il momento i fritti, troppo grassi e pesanti, e le cotture grigliate.

Quando il bambino cresce, ha bisogno di calore ed energia, per cui andranno molto bene gli stufati o qualche cottura al forno, soprattutto durante l'inverno.

Saper calibrare la cottura è un modo per aiutare l'organismo a controllare la temperatura, per cui si terrà conto anche del clima e della stagione.

Durante l'inverno, quindi, si preferiranno cotture lunghe che consentano ai cibi di immagazzinare calore (stufati, arrosti, al forno), mentre d'estate, quando è importante per l'organismo non sprecare i liquidi, logica vuole che ci si orienti verso cotture brevi e leggere, oppure che si consumino le crudità.

Nelle stagioni di passaggio (primavera e autunno) si possono diversificare le cotture, tenendo presente che si sta andando rispettivamente verso la stagione calda e verso quella fredda.

L'arte di cucinare, ovviamente, deve prendere in considerazione anche le caratteristiche dei singoli alimenti. I cibi freschi e delicati come la frutta e la verdura cuoceranno con maggior facilità dei cereali o dei legumi secchi; e, comunque, anche tra le verdure si trovano quelle che reggono meglio le cotture lunghe (per esempio le carote) e altre che, invece, ne soffrono (quelle a foglie verdi).

In linea di massima, una buona cottura rende più digeribile l'alimento, in quanto ne ammorbidisce le fibre, oltre a farne risaltare il sapore dolce (è il caso delle marmellate in genere o dello stufato di carote o di cipolle). Per contro, le cotture più leggere mantengono pressoché intatte le caratteristiche degli alimenti, senza alterarne la struttura.

Per i cereali (eccezion fatta per il miglio e il grano saraceno) e per i legumi la cottura più indicata è quella a pressione, perché, grazie alla sua temperatura elevata, rompe la cellulosa e libera meglio gli zuccheri.

Un piccolo accenno al forno a microonde. Se consideriamo la cottura dei cibi un processo di arricchimento e di trasformazione degli alimenti attraverso l'energia del fuoco e del calore, la 'cottura' a microonde non è una vera e propria cottura. Il calore che si sviluppa con il microonde, infatti, è il risultato di un processo che mette in caotico movimento le molecole d'acqua contenute all'interno dei cibi. Al contrario di qualsiasi altro tipo di cottura, quindi, non c'è concentrazione di energia, ma dispersione. L'influenza sui cibi di tale trattamento appare un po' 'inquietante', anche se nessuno studio scientifico ha finora messo bene in evidenza questo aspetto o ne ha valutato le conseguenze a lungo termine.

Se avete in casa un microonde e volete assolutamente usarlo, cercate almeno di fare molta attenzione alla sua manutenzione, perché le fughe di microonde, che, al contrario di quelle di gas, non sono avvertibili, sono molto pericolose. Quando è acceso, tenete lontani voi stessi e i bambini.

Gli utensili necessari

È preferibile disporre di poche pentole buone piuttosto che di un'infinità di tegami, padelle e padelline scadenti.

Evitate, per quanto possibile, le pentole antiaderenti al teflon, comode finché si vuole, ma assolutamente poco sicure,

MODI DI COTTURA

Con acqua

Cottura lunga:	iniziate a fuoco vivo, conservando l'acqua di cottura (se ne potrà fare una minestra). È una cottura che apporta liquidi ed è, pertanto, sconsigliata per le verdure molto acquose come le zucchine.
Cottura breve:	da 2 a 8 minuti in acqua bollente. È un metodo, purtroppo non molto praticato, che preserva, nella maggior parte dei casi, le vitamine dalla distruzione. Inoltre, conserva la freschezza delle verdure, migliorandone la digeribilità. Provate questa cottura sia per le radici sia per le verdure verdi.
A vapore:	il tempo di cottura è appena più lungo di quello fatto in acqua. Conserva la freschezza dei vegetali e li rende croccanti. È ideale per la primavera. Ottima per le verdure verdi, ma anche per riscaldare cereali.
Stufato:	è una cottura lunga a fuoco dolce da farsi in pentole spesse (ghisa) senz'acqua o con pochissimo liquido. Concentra e rafforza il sapore delle verdure, particolarmente di quelle dolci (carote, zucca o cipolle). Da usare soprattutto in autunno e in inverno.
A pressione:	è una cottura forte e a temperatura elevata. Ottima per cereali e legumi, è poco indicata per le verdure. Si porta a pressione a fuoco vivace e, quando la valvola comincia a fischiare, si abbassa la fiamma al minimo (ci si può anche aiutare con una piastra spargifiamma) in modo che il soffio sia appena percepibile.

Con olio

Saltatura:	si fa in padella con un filo d'olio. Le verdure si tagliano sottilmente e vanno sottoposte a una cottura forte e molto rapida (da 1 a 6-8 minuti). Conserva il colore e la croccantezza delle verdure verdi.
Frittura:	si fa con olio a temperatura elevata. È una cottura piuttosto forte da servire abbastanza raramente ai bambini, soprattutto nei primi anni di vita.
Grigliata:	è una cottura forte ma disuguale. Da non proporre ai bambini.

Al forno

Senza coperchio:	tende a seccare e indurire la crosta esterna. È indicata per le verdure acquose. Molti cibi cotti al forno (pane, crackers e biscotti) tendono a contrarre l'organismo.
Con coperchio:	in una marmitta o in una pentola (metodo 'alla diavola'), concentra il gusto dei piatti. Ideale per spezzatini e verdure brasate. Da riservare per la stagione fredda.
Al cartoccio:	il cibo viene avvolto in carta stagnola. Essendovi poca evaporazione, tende a cuocere i cibi con il loro stesso liquido; ideale per pesci e verdure. Anche questa è una cottura consigliata in autunno e inverno.

dal momento che il rivestimento che le ricopre tende, dopo pochi lavaggi, a staccarsi e a passare nei cibi. Lasciate perdere anche l'alluminio che lascia depositi nocivi, oltre a uno sgradevole sapore ai cibi.

Sono indispensabili: una pentola a pressione, alcune pentole e padelle in acciaio inox o in ghisa, per le cotture lunghe e saltate. Le pentole in ghisa sono sicuramente poco maneggevoli, ma hanno il grosso pregio di trattenere a lungo il calore e cederlo molto lentamente al cibo. Anche il vetro e la porcellana per il forno sono ottimi materiali. Una pentola di terracotta (purché non smaltata al piombo) può rivelarsi molto adatta per stufati e minestroni.

Per la cottura a vapore servitevi degli appositi cestelli forati da porre sopra la pentola in ebollizione o usate le 'margherite' in acciaio da poggiare sul fondo della pentola stessa.

Con una spesa minima potete acquistare una piastra spargifiamma in ghisa (evitate le retine in amianto) che, oltre a spandere la fiamma, preserva le pentole più delicate (vetro o terracotta) e impedisce molto spesso ai cibi di attaccare.

È indispensabile un passaverdure manuale di dimensioni adeguate alla vostra famiglia. In commercio, nei negozi di sanitari e di articoli per bambini, esistono anche piccoli modelli ideali per preparare creme di cereali e passati di legumi e di verdure.

Sempre per passare i cereali, potranno essere molto utili alcuni colini di diversa trama e dimensione.

Il frullatore, o il tritatutto elettrico, hanno il vantaggio della velocità, ma il difetto di emulsionare i cibi, riempiendoli di aria che, passando nello stomaco e nell'intestino, causa gonfiori e meteorismo.

Una grattugia per tagliare la verdura a fiammifero, a rondelle o in altre simpatiche forme vi aiuterà a sveltire il vostro lavoro.

Fate un piccolo investimento per comprare un bel coltello largo e pesante e un tagliere di legno massiccio, che sono due tra i più importanti strumenti di cucina.

Non dovrebbe mancare neppure un mortaio con relativo pestello per schiacciare semi oleosi o amalgamare creme e salsine. Usate posate in legno: sono insostituibili per trattare delicatamente il cibo e le pentole. Una spatola di legno piatta è utile per mescolare farine e cereali durante la tostatura.

Per pulire le verdure biologiche procuratevi una piccola spazzola di saggina, per evitare di pelarle.

COMPARAZIONE DEI DIVERSI MATERIALI

Natura	Vantaggi	Svantaggi
Ferro: proviene da minerali di ferro.	Economico, buon conduttore di calore, leggero.	A volte conferisce ai cibi un leggero gusto ferroso, arrugginisce facilmente e il cibo tende ad attaccare. Richiede una certa cura per la manutenzione.
Ghisa: lega di ferro e carbonio.	Conserva a lungo il calore, cuoce a bassa temperatura, non attacca. Economica, ideale per gli stufati. Buona anche la ghisa smaltata, di più facile manutenzione.	Pesante da maneggiare, relativamente fragile, tende ad arrugginire con una cattiva manutenzione.
Alluminio: ottenuto partendo dal minerale della bauxite.	Molto economico, leggero e poco fragile.	Tende a bruciare e a far attaccare i cibi, inoltre un po' di metallo passa negli alimenti (l'alluminio è tossico, e anche i recipienti lo diventano molto in fretta). Favorisce la distruzione della vitamina C. Da evitare per quanto possibile.
Acciaio inox: lega di ferro e carbonio.	Non arrugginisce, di facile manutenzione, buona ritenzione termica, non attacca. Molto pratico e resistente, ideale per le casseruole.	Prezzo elevato, è attaccato dal sale puro.
Acciaio smaltato: acciaio ricoperto di un insieme di silice, potassio, soda e ossido di ferro.	Materiale inerte, buon conduttore di calore, non arrugginisce, facile da pulire. Materiale sano e di facile impiego. Scegliere di preferenza recipienti spessi.	Fragile agli urti (molto dipende dalla qualità dello smalto), si segna facilmente.
Vetro: miscela a caldo di sabbie silicee e carbonati.	Materiale molto stabile, permette di vedere in trasparenza i cibi. Indicato per le cotture al forno.	Molto fragile, a volte assai difficile da pulire; gli alimenti rimangono esposti alla luce.
Porcellana: insieme di caolino, feldspato e silice cotti assieme.	Stabile quanto il vetro, di facile pulizia e di aspetto gradevole. Materiale di lusso molto sano e adatto per il forno.	Fragile, prezzo elevato.

Natura	Vantaggi	Svantaggi
Terracotta: argilla cotta.	Materiale sano e naturale, di aspetto molto bello. Ottima per la cottura a secco o per stufati.	Di impiego delicato, fragile e pesante, fa attaccare facilmente il cibo.
Rame: proviene dal minerale del rame.	Conduce ottimamente il calore, aspetto magnifico.	Prezzo elevato, si ossida facilmente e produce dei sali tossici. Va trattato con cura, pena l'uso per sola decorazione. Necessita di molte cure. I cibi non vanno mai conservati nel rame non stagnato all'interno.
Teflon: politetrafluometilene, usato per il rivestimento di diversi materiali.	Non fa attaccare i cibi, permette di cucinare con pochi grassi, di facile manutenzione.	Alla lunga di prezzo elevato, perché è facile all'usura e va cambiato spesso: infatti a poco a poco perde il rivestimento, che passa nel cibo e in chi lo consuma.

COME STRUTTURARE UN PASTO EQUILIBRATO

Quando si avvicina l'ora del pasto, tutto diventa più complicato: i bambini fanno i capricci, gli adulti sono più nervosi e irascibili e succede sempre qualche imprevisto: una telefonata di lavoro, fuori orario, un barattolo che si rompe, un ingorgo stradale che ritarda il rientro a casa... sembra che tutto 'congiuri' per far sì che la preparazione del pasto diventi un peso o un'angoscia, anziché un momento di piacere.

Il fatto è che sovente non viene dato a questo lavoro, svolto dietro le quinte, il giusto riconoscimento.

Non c'è dubbio che pulire le verdure, tagliarle e metterle in pentola, apparecchiare la tavola e controllare i fuochi, facendo tutto di corsa perché non si faccia troppo tardi, è vissuto più facilmente come un dovere che non come un piacere.

Ma se cominciamo a pensare che il tempo dedicato alla cucina è tempo guadagnato, possiamo spenderne un po' di più e fare le cose con calma, divertendoci e coinvolgendo anche i bambini in un'atmosfera distesa e piacevole.

La preparazione non è affatto un momento secondario, ma

è un 'rito' che può influire moltissimo sul cibo che porterete in tavola.

Se si trova il tempo necessario da dedicare alla cucina, tutto diventa più facile. Per cucinare risparmiando tempo, il pranzo e la cena possono essere programmati: progettare un pasto equilibrato vuol dire avere presente che cosa si mangerà durante l'intera giornata, in modo da bilanciare gli alimenti con i tempi, le stagioni e i singoli bisogni.

La domenica è diversa dal lunedì, così come Ferragosto è diverso da Natale; il periodo degli esami scolastici non è proprio come una vacanza al mare. Questo non vuol dire per forza di cose alzarsi al mattino e cucinare fino a sera, anzi: la pianificazione dei pasti rende la preparazione più semplice e rapida.

Spesso siamo condizionati dall'idea che un pasto più è ricco e laborioso, più è buono e soddisfacente. Tutti invidiamo, forse, i banchetti della corte di Re Sole, ma sbagliamo, perché non è sano mangiare tutti i giorni così!

Il cibo quotidiano è ciò che ci serve per avere energie sufficienti per vivere ed essere contenti, in armonia con noi stessi e gli altri; il pranzo delle occasioni speciali, invece, sarà un motivo in più per fare festa.

Il piatto unico, che permette di nutrirsi correttamente senza dover lavorare troppo in cucina, è un'ottima soluzione per i pasti quotidiani. Se ci abituiamo a sapori semplici, a cibi non troppo lavorati, a masticare bene, a un ambiente tranquillo e gioioso e a ottenere il massimo con il minimo sforzo, non ci sembrerà più una chimera.

Il piatto che si porta a tavola non è solo una somma di proprietà organolettiche, o un elenco di valori e percentuali (tante proteine, tante vitamine, tanti sali minerali, eccetera), ma è anche un 'cocktail' di energie sottili che passano dal cibo ai commensali. Le proporzioni consigliate sono: una buona metà di cereali (50%), verdure crude e cotte 30%, proteine 10%, il rimanente 10% fra minestre e dessert.

A questo punto, si tratta di uscire dagli schemi del 'primo-secondo-contorno e dessert' e pensare, piuttosto, a un piatto unico su cui incentrare l'intero pranzo, magari preceduto da una zuppa e seguito da un dolce semplice.

Si può immaginare, per esempio, un piatto appena un po' più grande del consueto (tipo quelli da pizza) riempito per metà da un risotto o una pastasciutta conditi con verdura, di cui uno spicchio sia riservato alla verdura cruda, uno alla verdura cotta e al centro lasci un po' di spazio per un mucchietto di legumi.

In questo modo si può anche pensare di armonizzare i colori e le forme, variandoli di giorno in giorno.

Non è indispensabile che le proteine siano presenti in ogni pasto; per i bisogni medi di un bambino che cresce può essere sufficiente alternare una volta il giorno i legumi (ceci, lenticchie, fagioli vari), i derivati della soia (tofu e tempeh), il seitan (glutine di frumento), oppure piccole porzioni di pesce a carne bianca (2-3 volte la settimana), o di un buon formaggio o qualche uovo di gallina ruspante.

Vale la pena di spendere due parole per la minestra di verdura che dovrebbe essere proposta ai bambini almeno una volta il giorno, ma che troppo spesso viene invece eliminata perché loro la rifiutano. I genitori, infatti, purché i figli mangino, tendono a proporre solo quello che viene accettato 'senza troppe storie'.

Il minestrone o la minestra con verdure e cereali sono un toccasana per l'organismo perché apportano, in un solo piatto, i liquidi necessari al corpo e le fibre.

Soprattutto nei mesi estivi, anche se può sembrare strano, la minestra di verdura dovrebbe essere presentata ogni giorno, proprio per ristabilire l'equilibrio di sali persi con la sudorazione. Non a caso il menù-tipo dei tuareg, che vivono nel deserto, è una semplice zuppa di verdura e cuscus.

Senza andare tanto lontano, anche nella tradizione contadina italiana sovente il pasto veniva risolto con un piatto unico che era una zuppa: la minestra di ceci, la ribollita toscana, la pasta e fagioli veneta, o la minestra di orzo trentina.

Per variare i sapori ci sono mille possibilità, basta giocare con le verdure di stagione: la consistenza della minestra sarà più o meno densa a seconda che si lascino le verdure a pezzi interi, o si passi il tutto al passaverdura.

Non dobbiamo dimenticare, inoltre, che i legumi sono, in genere, più digeribili se preparati in minestra e passati.

Dopo una buona zuppa di cereali, verdure e/o legumi, per completare il pasto basterà far seguire un piatto di pasta ed eventualmente un piccolo dessert (anch'esso, perché no, a base di cereali).

Le combinazioni alimentari

Esistono cibi che stanno bene insieme e altri, invece, che, se associati nello stesso piatto, creano difficoltà digestive. «La digestione comincia in bocca», recita l'antico adagio. È qui infatti che, grazie alla masticazione e all'insalivazione, gli alimenti cominciano la trasformazione, che prosegue nello stomaco, il quale secerne i succhi gastrici, e nell'intestino tenue, con i succhi intestinali. Sempre a livello di intestino tenue, viene operata una separazione fra i nutrienti assimilabili, trattenuti dai villi, e i 'rifiuti' che vengono sospinti nell'intestino crasso (colon).

Le reazioni chimiche che trasformano i cibi in protidi, glucidi e lipidi sono rese possibili dagli enzimi contenuti proprio nei succhi digestivi.

Il primo enzima a intervenire è la ptialina, presente nella saliva, che agisce nella trasformazione dei glucidi (cioè gli amidi, i carboidrati e i cereali).

Nello stomaco si ha un ambiente acido, mentre nell'intestino hanno luogo reazioni alcaline che consentono la digestione delle proteine e dei grassi (carni, latticini, eccetera).

Il classico pasto che si consuma oggigiorno è costituito da un primo amidaceo (pasta, riso...), un secondo proteico (carne, pesce, uova, formaggi...), un dessert e/o dalla frutta (zuccheri e acidi), ed è, purtroppo, un esempio di cattiva combinazione alimentare.

La frutta, se consumata da sola, viene assimilata velocemente, altrimenti deve aspettare il proprio 'turno' fermentando e producendo acidità; la pasta per essere digerita ha bisogno di un ambiente alcalino; le proteine animali, invece, necessitano di un ambiente acido. E allora come strutturare un pasto senza dover studiare un intero manuale prima di mettersi ai fornelli? Niente paura, la realtà, per fortuna, è molto semplice: la preparazione di piatti unici, evitando di mescolare proteine diverse, rende più difficile incorrere in combinazioni del tutto incongrue.

Si potrà, per esempio, destinare il piatto proteico (pesce o uova o formaggio, comunque sempre un solo tipo di proteina per volta) a pranzo e il piatto forte di cereali a cena, o viceversa. Normalmente, comunque, il cereale si accompagna bene con legumi (proteine vegetali) o verdure (evitando, possibilmente, quelle più acide come pomodori, peperoni e melanzane). Anche lo zucchero o la frutta dovrebbero essere consumati invece come merende e spuntini. Dunque, se si struttura ogni pasto principale in maniera equilibrata (una buona metà a base di cereali, una minestra, verdura e un po' di proteine), risulterà molto difficile commettere grossi errori.

Dallo SVEZZAMENTO ai 15 mesi

Per i bambini di questa fascia di età è necessario passare i cibi, prima di servirli.

Eccezion fatta per il grano saraceno, e con moderazione per quanto riguarda il miglio, possono essere proposti tutti i cereali, cibo di base della sua alimentazione, inizialmente semintegrali o decorticati, in modo da non affaticare troppo la digestione e favorire una migliore assimilazione.

Anche nel campo dei vegetali, seguendo il criterio della stagionalità, il ventaglio delle verdure da presentare al bambino comincia a essere abbastanza ampio, escludendo, però, le solanacee (pomodori, melanzane, patate) che è consigliabile far consumare solo tra qualche mese.

È molto meglio privilegiare verdure che risultano più dolci (carote, zucche, biete, coste), variando il più possibile la cottura: al vapore, lessate, leggermente stufate o saltate in padella con poca acqua.

Per quanto riguarda i legumi, si può cominciare con le lenticchie rosse decorticate, più veloci da preparare e più digeribili, per inserire poi ceci, piselli e fagioli azuki.

Oltre ai legumi, una buona fonte di proteine vegetali è rappresentata dal seitan (glutine di frumento) e dal tofu (caglio di soia).

Occasionalmente si può inserire nel menù pesce a carne bianca: merluzzo, sogliola, coda di rospo, palombo e trota. Questo alimento è, però, altamente allergizzante, quindi conviene aspettare ancora qualche mese prima di proporlo.

È invece decisamente presto per tutti i molluschi e le conchiglie.

Con moderazione è utile inserire un po' di alghe: fiocchi di nori, direttamente nel piatto, o kombu o wakame in cottura, per arricchire di minerali e oligoelementi i piatti di cereali e di verdura e per facilitare la cottura e la digeribilità dei legumi.

Le alghe, che possono essere acquistate nei negozi di alimentazione naturale, svolgono un'importante azione purificante per l'organismo e hanno un effetto rimineralizzante, perché sono ricche di ferro, calcio, iodio, fosforo, sodio, potassio, zolfo, manganese e contengono vitamine e proteine.

Il sale e i condimenti come il miso e la salsa di soia dovrebbero essere pressoché assenti in questo periodo e inseriti, con assoluta moderazione, solo dopo i 15 mesi di età.

IL BAMBINO HA 6-7 MESI

Quali alimenti	Come presentarli	Le quantità	Il ritmo dei pasti
Frutta fresca di stagione	Con il cucchiaio per far conoscere al bambino il nuovo strumento. In succo all'inizio, successivamente grattugiata.	Procedete gradualmente offrendo qualche cucchiaino di un solo alimento. Aumentate la dose giorno dopo giorno e lasciate intercorrere 7 giorni tra un alimento e l'altro.	All'inizio gli assaggi di questi primi alimenti potranno essere offerti in occasioni diverse (per esempio tra una poppata e l'altra). Soltanto più avanti ci si avvicinerà a quelli che saranno gli orari fissi per la consumazione dei pasti.
Verdura fresca di stagione	Come per la frutta: in succo, brodo di cottura, successivamente grattugiata finissima, cotta a vapore, schiacciata o passata.	Come per la frutta.	Come sopra.
Yogurt intero	Con il cucchiaio.	Qualche cucchiaino.	Come sopra.
Acqua di cottura dei cereali	Con il cucchiaio.	Qualche cucchiaino.	In occasione della cottura dei cereali per gli adulti.

In particolare

Frutta e verdura

- No alla frutta tropicale, a peperoni, melanzane e asparagi;
- è preferibile offrire gli agrumi dopo l'anno di età;
- la mela e la carota sono gli alimenti più indicati all'inizio dello svezzamento, perché generalmente accettate da tutti gli organismi;
- spinaci e bietole in piccole quantità per il loro elevato contenuto di nitrati;
- patate e pomodori con moderazione.

Acqua di cottura dei cereali

Stimola la produzione dell'amilasi pancreatica, un enzima che servirà alla digestione dei cereali.

IL BAMBINO HA CIRCA 8 MESI

Quali alimenti	Come presentarli	Le quantità	Il ritmo dei pasti
Frutta, verdura, yogurt			La frutta e lo yogurt potranno essere uno spuntino di metà mattina o metà pomeriggio.
Cereali integrali: riso, orzo, miglio, mais (presi singolarmente)	Inizialmente le farine cotte in acqua o in brodo di verdura verranno aggiunte al passato di verdura, per abituare il bambino al gusto e alla consistenza; successivamente potranno essere consumate come piatto a sé.	La quantità di riferimento potrà essere di un cucchiaio per mese di età. Questa dose è puramente indicativa. All'inizio potrà essere molto meno, poi anche di più a seconda delle esigenze del bambino.	Solo gradualmente i cibi solidi andranno a sostituire le poppate giornaliere, a partire da quella centrale che cade intorno a mezzogiorno. Per la pappa si sarà individuato un orario simile a quello del pranzo della famiglia.
Erbe aromatiche: basilico, finocchio, maggiorana	Hanno il pregio di conferire sapore e aroma, senza sale o grassi.	In piccolissime quantità.	
Pane e biscotti secchi, fette biscottate	Possono essere dati a fine pasto o a merenda. Si può fare anche con grossi pezzi di frutta o verdura.	Biscotti: non più di uno il giorno.	

In particolare

Cereali
- Farina (tempo di cottura 40 minuti circa); fiocchi (tempo di cottura 5 minuti circa) e chicco (tempo di cottura un'ora, un'ora e mezza). Il miglio cuoce in 20 minuti.

Biscotti
- Sono spesso molto calorici; è preferibile il pane.

Germogli di cereali e legumi
- Sono un concentrato di vitamine, sali minerali e oligoelementi;
- si ottengono facendo germogliare semi biologici di buona germinabilità.

ALIMENTI DI BASE

Malto di cereali

Viene preparato semplicemente aggiungendo a un cereale cotto (riso, mais, frumento o altro orzo) dell'orzo germinato. Gli enzimi contenuti nell'orzo germinato trasformano gli amidi presenti nei cereali in maltosio, che ha un sapore dolce. Successivamente il prodotto viene cotto a lungo e, così concentrato, assume un aspetto molto simile al miele. Il malto è il miglior dolcificante per un uso quotidiano, perché viene assorbito dal corpo più lentamente del miele e dello zucchero. Non contiene saccarosio, ma maltosio, ed è assai ricco di minerali e zuccheri complessi (destrine). Si acquista pronto nei negozi di alimentazione naturale.

Salsa di soia

Con questo nome generico si accomunano due prodotti simili che hanno ingredienti e caratteristiche parzialmente diversi: il tamari e lo shoyu. Il primo, che contiene fagioli di soia gialla cotta, acqua, sale e un fermento (koji), è tradizionalmente ottenuto da un'accurata lavorazione che dura almeno un anno. Si presenta come un liquido bruno appena denso dal sapore molto pronunciato.
Lo shoyu, invece, ha una colorazione bruno-rossastra, una consistenza più liquida e un gusto decisamente più moderato.
Si ottiene per fermentazione di soia gialla cotta, frumento tostato e frantumato, acqua, sale e fermento. La presenza del frumento, grazie alla fermentazione, lo arricchisce di zuccheri e di alcol (che agisce, fra l'altro, anche da elemento conservante). È più indicato per un uso regolare ed è, quindi, più adatto ai piatti destinati ai bambini, a partire dai 15 mesi.

Miso

È un condimento che si può usare ogni giorno al posto del dado da brodo nelle zuppe, nelle minestre, ma anche per preparare salse per verdure. Si ottiene facendo fermentare del sale e un fermento dei fagioli di soia, a cui può essere eventualmente aggiunto un cereale (orzo o riso). Si aggiunge alla zuppa solo a fine cottura per evitare di farlo bollire a lungo, sciogliendone un cucchiaino a persona (per il bambino sarà sufficiente una punta) in un po' di liquido caldo (acqua o brodo). Un buon miso non deve essere pastorizzato e la bollitura può distruggere gli enzimi e i fermenti lattici vivi che contiene. Fra i vari tipi di miso, quello di orzo è il più adatto per un uso regolare. Anche se delicato, il miso rimane un condimento salato, per cui non va aggiunto altro sale durante la cottura.

Gomasio

Tostate in padella un cucchiaino di sale fino, mescolando con una spatola di legno.
Fate lo stesso con una quindicina di cucchiaini di semi di sesamo lavati. Sorvegliate attentamente durante la tostatura, perché il sesamo brucia piuttosto facilmente. Alla fine, dovrà avere un bel colore dorato e sbriciolarsi fra le dita.
Trasferite il tutto in un mortaio e pestate fino a ottenere una polvere grossolana.
Si usa per spolverare piatti di cereali, verdure cotte o insalate.
Per evitare ai bambini una somministrazione eccessiva di sale, preparate un gomasio con un rapporto sesamo/sale più alto, oppure preparate il condimento sostituendo al sale un pizzico di alga wakame tostata a secco e polverizzata.
Possibili varianti di gomasio si ottengono usando, al posto del sesamo, semi di girasole, o di zucca, ugualmente tostati e pestati.

Kombu e wakame

Appartenenti al regno vastissimo delle alghe marine, sono alimenti molto validi tanto per la versatilità che per la ricchezza di sali minerali (calcio, ferro...)
La kombu, grazie alla presenza di glutammato

di sodio, è deliziosa per preparare brodi vegetali e, cucinata assieme ai legumi, oltre a migliorarne la digeribilità, ne riduce i tempi di cottura.
La wakame, dopo un breve ammollo di pochi minuti, si può cuocere assieme alle verdure per la preparazione di zuppe e minestroni. Tagliata sottilmente, si può anche consumare cruda aggiunta all'insalata.

Seitan

Ricco in proteine del frumento, ha una consistenza che ricorda quella della carne. La sua struttura spugnosa gli permette di assorbire i princìpi e i sapori dei cibi che lo accompagnano. Ottimo per preparare ripieni e stufati, si può anche cuocere rosolato in padella, impanato, eccetera.

Tofu

Altra importante fonte di proteine vegetali. Nell'aspetto, più che nel sapore, ricorda il formaggio fresco. Si ottiene cagliando il latte di soia. In cucina è molto versatile: lo si può stufare, friggere, cuocere alla piastra, usare per ripieni o per farcire torte salate, eccetera.

IL BAMBINO CHE MANGIA POCO O CHE MANGIA TROPPO

Stabilire a priori la quantità di cibo ideale per un bambino è un'astrazione che spesso provoca errori o grosse ansie.

Ogni bambino è unico e particolare. Anche tra fratelli le esigenze sono diverse, per cui è bene osservare il singolo bambino e 'calibrare' le porzioni di ogni pasto sulle sue specifiche esigenze, proprio come si fa con un vestitino.

Chi meglio del bambino stesso può capire quando ha fame o quand'è sazio? Non potendo esprimersi a parole, il lattante piangerà se ha fame o dormirà pacifico se è sazio, poi, oltre ai desideri del momento, saranno la sua vitalità e il suo stato di salute in generale a indicarci se ciò che mangia è sufficiente.

Al giorno d'oggi nel mondo occidentale è molto più facile che i bambini mangino troppo rispetto ai loro reali bisogni che viceversa. Non è un caso che la percentuale di piccoli obesi sia in costante aumento.

Bisogna poi distinguere nettamente tra i cibi fondamentali e il superfluo. Spesso i nostri bambini vengono abituati a mangiare in continuazione cibi non essenziali: gelati, caramelle, cioccolatini, merendine, biscotti, bevande zuccherate, eccetera.

Molto spesso a base di zucchero raffinato, coloranti, conservanti e grassi di scarsa qualità, si tratta di 'non-alimenti' che impoveriscono l'organismo, anziché arricchirlo e nutrirlo, e ne riducono le difese, aprendo così la porta a malattie e infezioni.

Con un'alimentazione sana, semplice e naturale, è molto più facile regolarsi anche sulla quantità.

Quando il bambino mangia per fame, si nutre, gode del cibo e poi dice: «Basta». Un bambino che non mangia o che non dice mai: «Basta» è, forse, un bambino che pasticcia molto.

In questi casi, provate per un periodo (da 15 giorni a un mese) a semplificare le preparazioni, a eliminare i fuori-pasto e le bevande gassate e zuccherate, e piano piano vedrete che l'organismo del bambino ne risentirà beneficamente e le sue esigenze saranno più chiare e manifeste.

Indicatori generali di uno stato di benessere e salute sono i seguenti.

- *La vitalità e l'umore*: i bambini sono per natura attivi, vivaci e allegri. Un bimbo apatico, sonnolento, sempre triste e scontento deve far riflettere.
- *Il ritmo sonno/veglia*: per il bambino, come e più che per l'adulto, il sonno è fondamentale. I bambini devono riposare, perché durante il sonno si possono ricaricare di energia e crescere fisicamente. Se il bambino dorme poco e male, bisognerà modificare qualcosa, nella dieta, nelle abitudini o nei comportamenti.
- *La crescita peso/altezza*: può essere lenta, ma deve essere costante.
- *La resistenza alle malattie*: spesso si dà per scontato che i bambini, in particolare durante l'inverno, passino lunghi periodi con la tosse, il raffreddore o l'influenza, ma se questa diventa la norma, ciò significa che l'organismo si è indebolito e conviene intervenire con un tipo di alimentazione più sana.
- *Una corretta funzione intestinale*: è importante che il bambino scarichi tutti i giorni, almeno una volta. Cibi integrali e importanti porzioni di verdura facilitano l'evacuazione, che può avvenire anche due volte il giorno.
- *L'appetito*: è un indicatore di buona salute. Il bambino che ha fame è un bambino sano che metabolizza bene ciò che mangia.

UN CRESCENDO DI SCOPERTE E DI ESPERIENZE AUTONOME...

MESI	6 7	8	9
Tutto il corpo	• Supino, solleva la testa e le spalle. • Supino, comincia a voltarsi su un fianco. • Prono, alza braccia e gambe e fa l''aereo'.	• Supino, si volta su un fianco e torna supino. • Prono, si solleva sulle mani aperte e il bacino appiattito.	• Supino, si gira su un fianco. • Supino, si solleva appoggiandosi su un avambraccio. • Supino, accavalla una gamba sull'altra. • Prono, si appoggia su una mano e sul ginocchio opposto. • Supino, assume varie posizioni simili.
Gli occhi e le mani	• Gioca con le mani, i piedi, la bocca. • Afferra un oggetto con tutte le dita, lo scuote, e lo porta alla bocca.	• Cerca con gli occhi cose o persone che lo interessano. • Porta i piedi alla bocca aiutandosi con le mani. • Passa l'oggetto da una mano all'altra. • Se perde l'oggetto, lo cerca indifferentemente con le due mani.	• Sorride, ride, comunica con gli altri in modo cosciente. • Comincia a portare alla bocca tutti gli oggetti che può afferrare. • Fa ruotare il polso e gli oggetti che ha in mano. • Tende un braccio verso ciò che vuole.
Indipendenze progressive	• Messo seduto, non resta stabile da sé (posizione ancora non spontanea). A volte si appoggia in avanti sulle mani. • A volte mostra preferenza per un oggetto e lo cerca con gli occhi.		• Tende un braccio verso ciò che vuole (un oggetto, una direzione).
Che cosa potete fare per lui?	• Osservate come ferma la sua attenzione guardando, giocando. • Cercate il più possibile di aspettare che abbia concluso quello che sta facendo. • Non occorrono molti oggetti: ne bastano due o tre ben scelti. • Fin d'ora il bambino si riposa cambiando posizione, attività, luogo...		• Non mettetelo in posizioni che non può ancora raggiungere o mantenere da solo. • Più seguirete le sue abilità, meno tensioni accumulerà nel suo piccolo corpo.

...IL BAMBINO RAGGIUNGE SECONDO I SUOI RITMI...

10	11 12	13	14
• Si mette da sé indifferentemente, supino o prono. • Comincia a stare seduto. • Prono, scopre la posizione in ginocchio e si dondola, stando così, avanti e indietro.	• Si siede in modi diversi con sicurezza. • Dallo stare in ginocchio comincia ad andare carponi. • Sale e scende scalini, scale. • Alcuni bambini si spostano seduti su una natica anche molto velocemente.	• Si siede con piacere su un piccolo dislivello (sgabello stabile, scalini) e poi scivola a terra. • Continua a lungo a camminare carponi e riesce a salire così le scale.	• Comincia ad alzarsi in piedi, aggrappandosi e poi lasciandosi cadere seduto. • Usa con piacere un sostegno da spingere nei suoi primi passi. • Fa piccoli spostamenti da un sostegno a un altro. Sperimenta ciò che più gli conviene.
• Sorride, ride, comunica con gli altri in modo cosciente. • Apre la mano e fa cadere l'oggetto. • Tiene un oggetto per ogni mano e spesso li batte insieme.	• Compie ogni azione usando le due mani insieme in modo simmetrico.	• Gli piace toccare, palpare, accarezzare, portare al viso, annusare...	• Comincia a usare le mani in modo diverso l'una rispetto all'altra. • Sperimenta oggetti diversi.
• Comincia a bere da sé da un bicchiere. • Indica con l'indice teso l'oggetto che vuole.	• Afferra da solo un oggetto usando pollice, indice e medio.	• Comincia a usare il cucchiaio. • Con l'indice cerca di entrare in tutti i buchi possibili.	• Tra vari oggetti sceglie quello che lo attira di più, lo manipola e lo porta alla bocca. • Li afferra usando pollice e indice.
Liberate la casa da ingombri e da pericoli perché si avvicina il tempo (non durerà molto) delle esplorazioni di tutti gli angoli di casa: è un gioco fondamentale e insostituibile per la sua mente.			• «Aiutami a fare da solo!» chiede il bambino. • Per cominciare basta una scatola con un oggetto dentro, poi un'altra con più oggetti, poi un'altra ancora...

...LA POSIZIONE ERETTA, L'ABILITÀ DELLA MANO, IL FARE DA SÉ

MESI	15	16	17	18
Tutto il corpo	• Comincia a salire le scale in piedi appoggiandosi con una o due mani.	• Comincia a camminare con sicurezza. • Sperimenta la velocità del camminare. • Sale e scende le scale in piedi anche senza mani.		• Fa piccole corse. • Sa sedersi su una seggiolina bassa e rialzarsi.
Gli occhi e le mani	• Comincia a usare le mani in modo diverso l'una rispetto all'altra. • Sperimenta oggetti diversi.			
Indipendenze progressive	• Sperimenta oggetti che si possono tirare fuori e mettere dentro. • Esplora ripetutamente e si concentra su ciò che fa.	• Comincia a mangiare un intero pasto da solo con il cucchiaio.		• Si leva da sé calze e scarpe. • È molto interessato all'acqua.
Che cosa potete fare per lui?	• Queste sono le attività base del lavoro umano che esigono oggetti interessanti per essere sperimentate. • Al tempo stesso fatelo partecipare alla vostra vita.			

DAI SUONI GUTTURALI...

MESI	2		4
• Piange. • Emette piccoli suoni gutturali. • Sorride quando sta bene. • Sussulta a suoni insoliti anche non sgradevoli.	• Cominciano le prime vocali. • Sorride come risposta al viso materno. • Suoni elevati e improvvisi lo fanno piangere. • Si gira se sente una voce o un suono.	• Emette piccoli gridi, richiami (*ohh, ah, ae*). • Piange meno per chiamare. • Sorride come risposta alle parole, al suo nome. • Fa risatine. • Può spaventarsi molto per forti suoni improvvisi (voci, elettrodomestici).	• Fa gorgheggi modulati anche per 10-15 minuti (*gh gh*). • Ride con sussulti di voce e piccoli gridi. • Cambia toni di voce. • Si esercita a lungo con le prime vocali.

• È molto sensibile al canto, al ritmo di parole e di brevi melodie.

• Assicuratevi già nel secondo mese che reagisca ai suoni: provate nel silenzio a chiamarlo (o a suonare un campanellino, prima da un lato, poi dall'altro, e osservate le sue reazioni). ▶

I DENTI DA LATTE (DECIDUI O TEMPORANEI)

• I primi due denti (incisivi mediani inferiori) spuntano tra i 3 e i 18 mesi. Il tempo tra il primo dente e il secondo è di 8-10 giorni.

• Gli altri seguono con ritmo regolare, press'a poco così:

– dopo 2 mesi, dai primi due compaiono gli incisivi mediani superiori;
– dopo altri 2 mesi i quattro incisivi laterali, prima gli inferiori, poi i superiori;
– dopo altri 2 mesi i primi molari inferiori;
– dopo altri 2 mesi i canini;
– dopo altri 2 mesi i secondi molari superiori.

...ALLE PRIME SILLABE

MESI	6		8
• Emette e ripete suoni nuovi (*ii, ai, ah, da, da, daa, ba, ba, baa...*) • Chiacchiera da solo o in risposta a chi gli parla. • Vocalizza mentre gioca. • Reagisce se lo si chiama per nome. • Guarda con attenzione la bocca dell'adulto che gli parla e a volte cerca di afferrarla.	• Emette e ripete continuamente nuovi suoni (*f, v, s, sc, z, m, n...*) e li abbina a suo modo alle vocali. • Varia il volume di voce. • Esprime con i suoni piacere e disagio. • Chiacchiera a suo modo mentre gioca, mentre ascolta altri parlare o cantare. • Ride di gusto.	• Gli piace ripetere alcune sillabe speciali (*ma, sa, ba, di, da...*) • Imita i suoni. • Ascolta con molto interesse i suoni, fissando il viso di chi parla. • Guarda con interesse chi parla in modo non abituale per lui. • Indica con il braccio ciò che vuole.	• Comincia a isolare una combinazione (*ma-ma, pa-pa*) prima a caso, poi per rivolgersi alla persona. • Dice sillabe e prime parole (*ta-ta, da-da...*) con intonazioni diverse. • Vocalizza ripetutamente. • Risponde girando la testa e il tronco a chi lo chiama, ma anche ai suoni dell'ambiente.

• Se sente bene, il corredo ereditario con il quale nasce gli permette di assorbire la lingua materna, secondo una successione che, più o meno, è la stessa presso tutti i gruppi umani della Terra. Tuttavia non è un fatto meccanico! A quali parole dare la preferenza, come dirle, come combinarle insieme, questo è il lavoro creativo e personale di ogni bambino, che è quindi diverso e originale nel tempo e nello spazio.

FIN DA ORA PREVENIRE LA CARIE

No, non è eccessivo pensarci dal principio.
• Aggiungere zucchero al poppatoio, intridere il succhiotto nel miele o nella marmellata, anche la migliore, fatta in casa, creano:

– l'abitudine precoce al sapore molto dolce (diventa come una droga);
– l'ambiente migliore perché sia intaccato e decalcificato lo smalto dei denti.

• I denti da latte si sciolgono letteralmente se l'interno della bocca è spesso dolce: si cariano non appena compaiono.
• Un sistema per lavare i denti di un bambino è quello di bagnare con olio d'oliva un po' di sale fino, strofinarlo con lo spazzolino sui denti e poi far sciacquare.
• Fin da quando i dentini sono pochi (quattro oppure otto) passatevi sopra uno spazzolino morbido bagnato, in senso verticale dall'alto in basso e viceversa.

DALLO SVEZZAMENTO AI 15 MESI

BEVANDA DI ORZO TOSTATO
(ricetta di base)

STAGIONE: tutto l'anno
PREPARAZIONE: 10 minuti
COTTURA: 20 minuti
MOLTO FACILE

INGREDIENTI (per 6 porzioni)
1 bicchiere di orzo perlato
10 bicchieri d'acqua
1 pizzico di sale

PREPARAZIONE

In una padella tostate delicatamente 1 bicchiere di orzo perlato, mescolando di continuo per impedire che bruci.

Quando i chicchi saranno ben dorati, versateli in 10 parti di acqua fredda e portate a bollore. Riducete la fiamma, lasciate sul fuoco per una decina di minuti, poi filtrate il liquido.

La tostatura ha un'importante funzione per la digestione del cereale: il calore trasforma l'amido in destrosio, uno zucchero che lo stomaco del bambino è in grado di assimilare immediatamente.

Utilizzando il riso al posto dell'orzo si ottiene una bevanda rinfrescante, che è molto indicata quando c'è bisogno di abbassare la febbre: in questo caso è consigliata una somministrazione il giorno.

BRODO VEGETALE
(ricetta di base)

STAGIONE: tutto l'anno
PREPARAZIONE: 10 minuti
COTTURA: 30 minuti
MOLTO FACILE

INGREDIENTI (per 3-4 porzioni)
1 carota
2 foglie di bietola
1/2 cipolla
3 cm di alga kombu
1 pizzico di sale

PREPARAZIONE

Scegliete le verdure a seconda della stagione cercando di unire nella minestra una verdura a radice (carota, rapa o daikon, una specie di grosso rapanello noto anche come 'navone'), una a foglie verdi (bietole, foglie di rapanelli, crescione) e una a bulbo (cipolla, porri). Lavatele accuratamente e tagliatele a pezzetti.

A parte, ammollate in acqua fredda un pezzetto di alga kombu. Mettete a scaldare dell'acqua e buttatevi prima l'alga e le verdure più dure, che bollirete per un quarto d'ora, poi le verdure verdi e cuocete per altri 5 minuti.

Estraete le verdure, che potrete poi servire separatamente, e usate il brodo ottenuto, da solo, o come base per altre preparazioni.

Se passate il tutto, avrete un passato di verdure più denso, nel quale potrete ammollare del pane o alcune gallette di riso sbriciolate.

Le quantità degli ingredienti delle ricette sono per lo più espresse in bicchieri, cucchiai o cucchiaini, e non a peso. È più pratico abituarsi a usare contenitori di cui si conosce la capacità, piuttosto che pesare continuamente gli alimenti. A titolo indicativo ricordiamo che:

- un bicchiere di cereali in chicchi pesa 100 grammi circa;
- un bicchiere di liquido pesa all'incirca 150 grammi;
- un bicchiere di farina pesa 90 grammi circa.

CREMA DI CEREALI DOLCE

STAGIONE: tutto l'anno
PREPARAZIONE: 5 minuti
COTTURA: 15 minuti
MOLTO FACILE

INGREDIENTI (per 3 porzioni)
semolino di riso o frumento
latte di riso
acqua
1/2 tazza di albicocche secche
2 cucchiai di malto di mais

PREPARAZIONE

Cuocete il semolino come nella ricetta di base a pag. 53 (mescolando, però, acqua e latte di riso in parti uguali) assieme a qualche albicocca secca preventivamente ammollata e tagliata a pezzetti.

Se desiderate addolcire ulteriormente la crema, verso fine cottura potete aggiungere un po' di malto di cereali.

Il latte di riso si ottiene facendo cuocere molto lentamente una parte di riso con 10 parti di acqua: in questo modo l'involucro esterno dei chicchi si spezza e si forma un liquido denso che si filtra con una tela, strizzando bene il cereale.

In commercio si trova del buon latte di riso sia a lunga conservazione sia fresco.

CREMA DI LATTUGA

STAGIONE autunno-inverno
PREPARAZIONE: 10 minuti
COTTURA: 30 minuti
FACILE
PER TUTTA LA FAMIGLIA

INGREDIENTI (per 2-3 porzioni)
1 cespo di lattuga
2-3 cucchiai di farina di riso
1 spicchio d'aglio
acqua
2 cucchiai di olio di sesamo

PREPARAZIONE

Scottate in acqua bollente per 1-2 minuti un cespo di lattuga, scolatela e tagliatela grossolanamente. Conservate il liquido di cottura.

Scaldate in una pentola 2 cucchiai di olio di sesamo e tostatevi 2-3 cucchiai di farina di riso. Versate 4-5 bicchieri dell'acqua di cottura della lattuga, mezzo spicchio di aglio tritato e la lattuga stessa. Cuocete a fiamma bassa per mezz'ora, mescolando di tanto in tanto.

Insaporite con un po' di salsa di soia e servite.

CREMA DI RISO

(ricetta di base)

STAGIONE: tutto l'anno
PREPARAZIONE: 10 minuti
COTTURA: 45 minuti
MOLTO FACILE

INGREDIENTI (per 2-3 porzioni)
1 bicchiere di riso semintegrale
2-3 bicchieri di acqua
1 pizzico di sale

PREPARAZIONE

Cuocete un bicchiere di riso semintegrale in 2 o 3 bicchieri di acqua finché il cereale non risulti stracotto, dopodiché passatelo e servitelo al bambino.

È un piatto assai equilibrato che può essere preparato anche quotidianamente.

CREMA DI RISO CON MELE

STAGIONE: tutto l'anno
PREPARAZIONE: 10 minuti
COTTURA: 1 minuto
MOLTO FACILE

INGREDIENTI (per 2 porzioni)
1 bicchiere di riso semintegrale già cotto
acqua
1 mela

PREPARAZIONE

Passate con il passaverdure il riso già cotto (*vedi* la ricetta di base a fianco), aiutandovi se serve con un po' d'acqua o di succo di mela, fino a ottenere una crema un po' consistente.

Lavate, sbucciate e grattugiate una mela, unitela alla crema di riso e scaldate il tutto in un pentolino facendo sobbollire per un minuto.

Spegnete e aggiustate il sapore a piacere addolcendo, se serve, con un cucchiaino di miele o delle uvette.

Questa ricetta è molto semplice e permette di riutilizzare del riso già cotto.

È una merenda equilibrata e nutriente; a piacere si può variare il sapore unendo al riso una purea di carote.

CUSCUS CON MINESTRONE

STAGIONE: tutto l'anno
PREPARAZIONE: 10 minuti
COTTURA: 25 minuti
MOLTO FACILE

INGREDIENTI (per 4 porzioni)
1 carota
1 cipolla
1 gamba di sedano
3 foglie verdi
4-5 bicchieri d'acqua
sale
3 cm di alga wakame
1/2 bicchiere di cuscus

PREPARAZIONE

Preparate un brodo vegetale con una carota tagliata a dadini, una gamba di sedano affettata sottilmente, qualche foglia verde (bietola, verza o cavolo) tagliata a striscioline e un pezzetto di alga wakame (che può essere tolta al momento di servire). Cuocete a fuoco moderato per circa 20 minuti, poi versate a pioggia un pugno di cuscus e mescolate con una frusta. Fate cuocere ancora qualche minuto, quindi spegnete il fuoco e lasciate gonfiare il cereale con la pentola coperta.

Prima di servire aggiungete a piacere un pizzico di prezzemolo tritato.

L'alga wakame, oltre ad arricchire la minestra dei minerali indispensabili al bambino, facilita e migliora la cottura delle verdure e del cereale.

FIOCCHI DI AVENA E CAVOLFIORE

STAGIONE: autunno-inverno
PREPARAZIONE: 10 minuti
COTTURA: 20 minuti
MOLTO FACILE

INGREDIENTI (per 3-4 porzioni)
1 bicchiere di fiocchi d'avena
4-5 bicchieri d'acqua
1/3 di fiore di cavolfiore

PREPARAZIONE

Mettete in una pentola 4-5 bicchieri d'acqua fredda e 1 bicchiere di fiocchi d'avena, poi portate a bollore. Non appena l'acqua bolle, abbassate la fiamma e unite del cavolfiore affettato sottilmente. Cuocete finché il tutto non sia ben morbido e amalgamato.

Verso i 15-18 mesi, il bambino sarà in grado di mangiare questo piatto senza che gli ingredienti vengano necessariamente passati.

FONDUTA VEGETALE

STAGIONE: primavera
PREPARAZIONE: 10 minuti
COTTURA: 20 minuti
FACILE
PER TUTTA LA FAMIGLIA

INGREDIENTI (per 3-4 porzioni)
2 cipolle
4 pugni di malva
1 spicchio d'aglio
2 cucchiaini di pasta di sesamo (tahin)
semi di coriandolo
olio extravergine d'oliva
salsa di soia
pane

PREPARAZIONE

Saltate in una padella, in cui avete versato qualche cucchiaio di olio extravergine di oliva, delle cipolle tritate.

Quando le cipolle saranno trasparenti, aggiungete 4-5 pugni di malva legata e tagliata e mescolate per bene.

Abbassate il fuoco, coprite e cuocete dolcemente finché le foglie saranno ridotte in purea (controllate, di tanto in tanto, ed eventualmente aggiungete un po' d'acqua).

Mentre la malva sta cuocendo, unite uno spicchio di aglio tritato, un pizzico di semi di coriandolo pestato e 2-3 cucchiai di tahin chiaro (pasta di sesamo) con altrettanti cucchiai di acqua calda.
Mescolate questa crema alla purea di malva e portate in tavola. Ognuno potrà intingere dei pezzetti di pane tostato nel piatto in cui avrete versato la fonduta vegetale.

'FRITTATA' DI ASPARAGI SELVATICI

STAGIONE: primavera
PREPARAZIONE: 10 minuti
COTTURA: 15 minuti
FACILE
PER TUTTA LA FAMIGLIA

INGREDIENTI (per 3 porzioni)
1 pugno di fiocchi d'avena
1 mazzo di asparagi
olio di semi

PREPARAZIONE

Pestate in un mortaio un pugno di fiocchi di avena ammollati in poca acqua.

Salate leggermente la crema ottenuta e unitevi degli asparagi selvatici tritati finemente.

Fate riposare il tutto per un paio d'ore prima di cuocere, da entrambe le parti, in una larga padella oliata.

INSALATA DI TARASSACO

STAGIONE: primavera
PREPARAZIONE: 10 minuti
FACILE
PER TUTTA LA FAMIGLIA

INGREDIENTI (per 2 porzioni)
1 mazzo di tarassaco
rucola
valeriana
1 spicchio d'aglio
olio extravergine d'oliva
semi di sesamo
pangrattato

PREPARAZIONE

Raccogliete le giovani foglioline di tarassaco, lavatele e tagliatele finemente.

Unitele ad altre insalatine di stagione (rucola, valeriana).

Condite con una salsa preparata mescolando assieme olio extravergine d'oliva, sale, semi di sesamo tostati e pestati; alla fine, spolverate di pangrattato leggermente tostato.

LENTICCHIE ROSSE STUFATE

STAGIONE: tutto l'anno
PREPARAZIONE: 5 minuti
COTTURA: 25 minuti
MOLTO FACILE

INGREDIENTI (per 3 porzioni)
1 cipolla
1 bicchiere di lenticchie decorticate (rosse)
4 bicchieri d'acqua
sale
3 cm di alga kombu

PREPARAZIONE

In una pentola, ammorbidite la cipolla tritata finemente, in un dito d'acqua, quindi unite le lenticchie rosse lavate, un pezzettino di alga kombu, e coprite di acqua fredda. Cuocete a fuoco medio, controllando di tanto in tanto il livello del liquido e aggiungendone un po', se necessario. A fine cottura le lenticchie dovranno essere praticamente ridotte in purea.

L'alga, in questo caso, oltre che mineralizzare il piatto, rende più digeribili i legumi.

Servite la purea di lenticchie come contorno guarnita da un pizzico di sesamo tostato, o utilizzatela come condimento per i cereali.

DALLO SVEZZAMENTO AI 15 MESI

MINESTRA DI BARDANA

STAGIONE: primavera
PREPARAZIONE: 10 minuti
COTTURA: 30 minuti
FACILE
PER TUTTA LA FAMIGLIA

INGREDIENTI (per 3-4 porzioni)
2 radici di bardana
2 carote
1 cipolla
2 cm di alga kombu
salsa di soia
erba cipollina

PREPARAZIONE

Pulite bene con una spazzola un paio di radici di bardana; tagliatele a fiammifero assieme a un paio di carote. Tagliate una cipolla a fettine; mettete le varie verdure in una pentola con una quantità d'acqua che le sommerga di 2-3 centimetri, e un pezzo di alga kombu.

Mettete un coperchio e cuocete per 30 minuti a fuoco moderato.

Quando le verdure saranno tenere, condite con un paio di cucchiai di salsa di soia e servite con un trito di erba cipollina o prezzemolo.

PASSATO DI AVENA

(ricetta di base)

STAGIONE: autunno-inverno
PREPARAZIONE: 10 minuti
COTTURA: 45 minuti
MOLTO FACILE

INGREDIENTI (per 2-3 porzioni)
1 bicchiere di avena
3-4 bicchieri d'acqua
1 pizzico di sale

PREPARAZIONE

Le modalità sono uguali a quelle della ricetta della crema di riso (*vedi* a pag. 45). Il rapporto cereale/acqua potrà essere pari a 1 a 3 o 1 a 4.

L'avena è un cereale riscaldante e un forte ricostituente, perciò è consigliato nelle stagioni fredde, ma anche in periodi in cui l'organismo ha bisogno di calore.

PASSATO DI CAROTE

STAGIONE: tutto l'anno
PREPARAZIONE: 5 minuti
COTTURA: 15 minuti
MOLTO FACILE

INGREDIENTI (per 2 porzioni)
100 g di carote
acqua
1 pizzico di sale

PREPARAZIONE

Affettate molto sottilmente alcune carote e cuocetele in pochissima acqua (dovranno essere appena coperte dal liquido). A fine cottura, tutta l'acqua dovrà essere stata assorbita.

Pestatele in un mortaio fino a ottenere una crema omogenea.

Servendo nello stesso piatto un cucchiaio di questa crema, uno di crema di riso, oppure di orzo, e uno di verdure verdi passate, otterrete un effetto cromatico che il bambino apprezzerà molto.

PASSATO DI ORZO PERLATO

(ricetta di base)

STAGIONE: tutto l'anno
PREPARAZIONE: 10 minuti
COTTURA: 60 minuti
MOLTO FACILE

INGREDIENTI (per 2-3 porzioni)
1 bicchiere di orzo perlato
3-4 bicchieri d'acqua
1 pizzico di sale

PREPARAZIONE

Mettete un bicchiere di orzo perlato in un colino e lavatelo sotto l'acqua corrente, poi versatelo in una pentola con 3-4 bicchieri di acqua. Cuocete a lungo, un'ora abbondante, fino a che le mucillagini dell'orzo non saranno completamente disciolte nell'acqua. A questo punto spegnete e filtrate con un colino, schiacciando anche i chicchi. Il risultato sarà una crema un po' liquida.

Questa ricetta, conosciuta fin dai tempi di Platone, è rinfrescante, mineralizzante, digeribile e molto nutriente.

L'orzo è un cereale quasi misconosciuto che andrebbe, però, rivalutato e utilizzato anche quotidianamente. Non contiene glutine e, per questo, è consigliato anche nelle diete per i celiaci.

DALLO SVEZZAMENTO AI 15 MESI

POLENTA
(ricetta di base)

STAGIONE: tutto l'anno
PREPARAZIONE: 10 minuti
COTTURA: 30 minuti
MOLTO FACILE

INGREDIENTI (per 3-4 porzioni)
1 bicchiere di farina di mais
3 bicchieri d'acqua
1 pizzico di sale

PREPARAZIONE
Portate a bollore dell'acqua e versatevi a pioggia della farina di mais macinata finemente. Mescolate con una frusta per evitare la formazione di grumi e cuocete a fuoco dolce per 30-40 minuti, fino a ottenere una polenta di consistenza morbida e cremosa.

Il mais è un cereale di origine sudamericana, ma la sua utilizzazione è diffusa in tutta Europa; in Italia è stato il piatto base per diverse generazioni.

In commercio vi sono diverse qualità di polenta: gialla, bianca, macinata fine 'fioretto', o più grossolanamente 'bramata'.

RAGÙ DI SEITAN

STAGIONE: tutto l'anno
PREPARAZIONE: 10 minuti
COTTURA: 35 minuti
MOLTO FACILE

INGREDIENTI (per 3-4 porzioni)
1 carota
2 cipolle
2 carote
1 gambo di sedano
2 bicchieri di seitan macinato
2 bicchieri d'acqua
1 pizzico di sale
1 cucchiaio di olio di sesamo
o extravergine d'oliva
1 cucchiaio di rosmarino tritato

PREPARAZIONE
Scaldate un cucchiaio di olio di sesamo in una padella, quindi saltatevi per una decina di minuti 2 cipolle tagliate a lamelle, 2 carote tagliate a listarelle, una gamba di sedano a pezzetti e 2 bicchieri di seitan tagliato finemente.
Aggiungete quindi un pizzico di sale e 2 bicchieri di acqua o brodo di verdura, e lasciate cuocere a fiamma bassa, con un coperchio, per una ventina di minuti. Passate quindi il tutto con il passaverdure e aggiungete il rosmarino tritato. A piacere correggete il sapore con alcune gocce di salsa di soia, o sale e un goccio d'olio extravergine d'oliva. Questa preparazione può essere servita come condimento per pasta o riso come un normale ragù, oppure consumata anche da sola come secondo piatto.

Il seitan (glutine di frumento) è una proteina vegetale digeribile che può validamente sostituire la solita pietanza di carne.

RIPIENO DI BORRAGINE

STAGIONE: primavera
PREPARAZIONE: 10 minuti
COTTURA: 20 minuti
FACILE
PER TUTTA LA FAMIGLIA

INGREDIENTI (per 3-4 porzioni)
1 mazzo di borragine
1 spicchio d'aglio
pangrattato
noce moscata
sale

PREPARAZIONE
Lavate e tagliate grossolanamente delle foglie di borragine. Scottatele per qualche minuto in abbondante acqua bollente salata.

Scolatele per bene, strizzando le foglie tra le mani, e tritatele sopra un tagliere assieme a 1 spicchio d'aglio.

Unite il trito al pangrattato, spolverate di noce moscata e aggiustate di sale, se occorre.

Usate questo impasto per farcire ravioli, tortelli vegetali, fagottini o torte salate da passare al forno.

RISO INTEGRALE E SEMINTEGRALE
(cottura di base)

STAGIONE: tutto l'anno
PREPARAZIONE: 5 minuti
COTTURA: 45 minuti
MOLTO FACILE

INGREDIENTI (per 3-4 porzioni)
1 bicchiere di riso integrale o semintegrale
1 bicchiere d'acqua
1 pizzico di sale

PREPARAZIONE
Lavate rapidamente un bicchiere di riso integrale e mettetelo sul fuoco, in una pentola a pressione scoperta, con 2 bicchieri di acqua fredda e un pizzico di sale. Raggiunto il bollore, chiudete la pentola e abbassate la fiamma. Cuocete per 45 minuti, a partire dal fischio della valvola, mettendo sotto la pentola la piastra spargifiamma.

Potete naturalmente cuocere il riso anche in una pentola tradizionale: in questo caso dovrete aggiungere un po' più d'acqua e lasciare sul fuoco per un'ora circa, in modo che, a fine cottura, tutto il liquido sia stato assorbito dal cereale.
Il riso semintegrale, invece, va cotto in una pentola con 1-2 parti d'acqua e un pizzico di sale per 25-30 minuti da quando ha iniziato a bollire. In entrambi i casi, il riso dovrà risultare ben cotto. Questa regola vale per tutti i cereali, la pasta e i legumi. L'idea del cibo 'al dente' è una pratica da evitare, perché l'apparato digestivo del bambino, in particolare, è in via di formazione, e la digeribilità del cibo è la prima condizione per favorire un'assimilazione adeguata.

Cereali e legumi, possono essere cotti aggiungendo, fin dall'inizio, un pezzetto di alga kombu che aiuterà a renderli più morbidi e digeribili.

Attenzione: il riso non è sempre uguale! A volte, a seconda delle differenti marche, il risultato in cottura con la stessa quantità d'acqua cambia.

SEMOLINO DOLCE CON UVETTA E MALTO

(ricetta di base)

STAGIONE: tutto l'anno
PREPARAZIONE: 10 minuti
COTTURA: 20 minuti
MOLTO FACILE

INGREDIENTI (per 4 porzioni)
1 bicchiere di semolino di riso o frumento
5-6 bicchieri d'acqua
1 pizzico di sale
1/2 bicchiere di uva passa
la scorza grattugiata di 1/2 limone
2 cucchiaini di malto

PREPARAZIONE

In una pentola sciogliete a freddo, con una frusta, un bicchiere di semolino in 5-6 bicchieri di acqua, poi unite l'uva passa, che sarà stata a mollo per qualche ora in acqua tiepida, dopo averla sciacquata, e mettete il tutto sul fuoco. Cuocete a fiamma moderata per una ventina di minuti, mescolando di frequente con la frusta o un cucchiaio di legno. Quando il semolino avrà una consistenza morbida, unite il malto (di mais, o frumento) e la buccia di limone grattugiata e continuate la cottura ancora per 2 minuti, giusto il tempo per permettere al malto di sciogliersi completamente.
Versate il semolino dolce in coppette e lasciatelo raffreddare.

Potete guarnire con delle nocciole tostate e macinate.

Quando si usa la buccia degli agrumi, è indispensabile che la loro provenienza sia di origine biologica, perché i cibi potrebbero essere contaminati dai 'veleni' utilizzati nella coltivazione.

Questa ricetta di base è molto versatile e può essere utilizzata come dessert, come merenda, o come colazione. Piccole varianti la renderanno sempre diversa.

TOFU STRAPAZZATO CON COSTE

STAGIONE: primavera-estate
PREPARAZIONE: 5 minuti
COTTURA: 15 minuti
MOLTO FACILE
PER TUTTA LA FAMIGLIA

INGREDIENTI (per 2 porzioni)
1/2 panetto di tofu
1 mazzo di coste o bietole
acqua
1 pizzico di sale
1 cucchiaio di olio di sesamo
o extravergine d'oliva

PREPARAZIONE

Scottate per 5 minuti, separatamente, in acqua bollente le coste e il tofu.

Strizzate la verdura, tagliatela a pezzetti e saltatela in una padella, appena pennellata di olio; sbriciolate il tofu in un piatto con una forchetta e aggiungetelo alla verdura.

Coprite e cuocete qualche minuto prima di servire.

Potete servirlo così, o passato al passaverdura, come secondo piatto o come condimento per dei cereali.

VERZA AL NATURALE

STAGIONE: autunno-inverno
PREPARAZIONE: 10 minuti
COTTURA: 15 minuti
MOLTO FACILE

INGREDIENTI (per 2-3 porzioni)
1 verza piccola
4-5 bicchieri d'acqua
1 pizzico di sale
olio extravergine d'oliva

PREPARAZIONE

Lavate una piccola verza, staccatene le foglie e mettetele a cuocere a vapore nell'apposito cestello, dopo aver messo un pizzico di sale nell'acqua sottostante.

Coprite e cuocete a fiamma media per 15 minuti circa. Disponete le foglie nel piatto di portata e insaporite con poche gocce di olio extravergine d'oliva.

ZUPPA DI ORTICHE

STAGIONE: primavera
PREPARAZIONE: 10 minuti
COTTURA: 20 minuti
FACILE
PER TUTTA LA FAMIGLIA

INGREDIENTI (per 2 porzioni)
1 manciata di tenere punte d'ortica
4 cucchiai di fiocchi d'avena
1 cipolla
1 spicchio d'aglio

PREPARAZIONE

Lavate le punte più tenere delle ortiche e scolatele.

Saltate in padella un po' di cipolla tagliata a lamelle e uno spicchio di aglio tritato. Aggiungete le ortiche e lasciate consumare per qualche minuto.

Unite 4 cucchiai di fiocchi di avena e acqua sufficiente a coprire il tutto di 2-3 centrimetri. Salate e cuocete finché il cereale non sia ben tenero.

Frullate e, se lo ritenete necessario, condite con della salsa di soia prima di servire.

Dai 15 ai 24 mesi

In questo periodo il bambino inizia a sembrare 'più grande': finalmente parla e comunica, ha una sua indipendenza motoria, è capace di stare per brevi periodi da solo, senza sentire il costante bisogno della presenza di un adulto come figura di riferimento.

Ma... attenzione! Basta poco: un piccolo malessere fisico, un dentino che spunta, il cambiamento di ambiente (vacanze al mare o in montagna), e tutto quello che avevate pensato fosse stato finalmente conquistato in termini di autonomia e indipendenza scompare improvvisamente.

Vi ritrovate allora con un bambino grandicello e... pesante, che pensa, però, di essere ancora piccolo: non dorme, non mangia, vuole sempre stare in braccio. Non spaventatevi! Tutto questo rientra nella norma: le conquiste più importanti sono sempre contrassegnate da piccole regressioni.

Il bambino ha acquisito capacità, ha superato tappe, ma le conquiste fatte, ancora troppo recenti, non sono così consolidate e basta poco, forse qualcosa che noi adulti nemmeno percepiamo (per esempio tensioni o cambiamenti in famiglia, ritmi diversi, cambio di abitudini, l'inserimento all'asilo nido), perché il bambino preferisca rifugiarsi nel sicuro, nel conosciuto. Nelle braccia della mamma, in poche parole.

Che atteggiamento tenere? Non ci sono 'ricette' o soluzioni valide per tutti. L'esperienza insegna a non essere troppo esigenti né con se stessi, né con i bambini. E, come sempre, un aiuto importante viene dall'osservazione del bambino, e dalla pazienza.

Il bambino di 2 anni, conquistata stabilmente la posizione eretta, comincia a sperimentare con sempre maggior gioia la possibilità di comunicare con gli altri attraverso la parola.

Ecco che la bocca diviene la parte del corpo più stimolante: permette di relazionarsi con l'esterno sia attraverso il linguaggio, sia attraverso la nutrizione. Parlando al bambino, anche mentre sta mangiando, lo si invoglia ad aprire la bocca, a rapportarsi con chi gli sta di fronte (mamma o altra figura adulta) e con ciò che sta mangiando. Vanno molto bene, a questo proposito, le storielle e le filastrocche che si tramandano nella tradizione popolare.

La posizione eretta, inoltre, permette al bambino di liberare le braccia e le mani dal compito di sostenere il corpo, così da poterle tenere in continuo movimento.

Il bambino seduto a tavola deve poter stare in una posizione comoda e adatta alle sue dimensioni: la seduta sulla sedia o sul seggiolone dev'essere confortevole e sufficientemente spaziosa, i piedi devono appoggiare sul pavimento o su di un ripiano solido e il seggiolone dev'essere stabile e sicuro, non traballante e pericoloso. Il bambino, infatti, anche quando è seduto non sta fermo, e richiamarlo di continuo serve poco. La posizione seduta rende più attivi gli arti superiori che vogliono toccare, afferrare e stringere, anche se la coordinazione oculo-manuale non è ancora perfetta.

Se il bambino è particolarmente vivace, provate a dargli qualche cosa da tenere in mano durante i pasti: un cucchiaino, per esempio, in modo che possa soddisfare, almeno in parte, questa sua esigenza tattile.

'PICCOLO' GALATEO A TAVOLA

Già da questa età si cominciano a gettare le basi per le buone maniere e il comportamento da tenere a tavola.

È utile abituarsi, e abituare il bambino, a orari fissi per i pasti e ad un certo ordine.

Il bambino comincia a conoscere perché ha più e più volte sperimentato la stessa sequenza di gesti, le stesse posizioni e abitudini.

Gli odori di casa, il ripetersi di atti e preparativi, il proprio posto a tavola e le proprie stoviglie sono tutti segni che fanno capire al bambino che è arrivato il momento del pasto.

Mentre, all'inizio, quando ancora è necessario imboccarlo, conviene far mangiare il bambino prima, in modo che gli adulti possano poi sedersi e mangiare in tranquillità, a mano a mano che comincerà ad acquisire una propria autonomia (e orari di casa permettendo) sarà bello mangiare tutti assieme e festeggiare, così facendo, questo momento in cui la famiglia si ritrova unita.

Se gli orari non dovessero proprio coincidere, si può tentare di pranzare assieme almeno il sabato e la domenica...

Si avrà cura di scegliere, per il bambino piccolo, posate e stoviglie di dimensioni ridotte, meglio non di plastica, adatte alle sue manine e alla sua bocca. Anche il bicchiere, di vetro, sarà facilmente impugnabile (i calicetti da vino in vetro infrangibile sono molto apprezzati).

Tutti i bambini passano dei periodi in cui amano manipolare il cibo, mettere le mani nel piatto, sporcarsi, inzuppare tutto nel bicchiere... esprimendo il bisogno di conoscere con i sensi anche la pappa: la sua consistenza, il calore, eccetera. Dopo un po', una volta soddisfatto questo bisogno, è meglio cominciare a fargli capire che il bicchiere serve per bere e non per lavarcisi le mani, e che la pappa va raccolta con il cuc-

ALIMENTI PARTICOLARI

Agar-agar

L'agar-agar è una fibra che si ricava da alcuni tipi di alghe rosse (agarofite) attraverso un processo che, almeno nella versione tradizionale, consisteva in una bollitura, una successiva schiumatura e il raffreddamento della mucillagine così ricavata. Si trova in commercio in barre o in fiocchi. Meglio essere più cauti nell'acquisto di agar-agar in polvere, perché, in questo caso, i procedimenti di lavorazione seguiti sono del tutto industriali. Va sciolto in liquidi bollenti e serve a preparare gelatine tanto dolci (a base di frutta) quanto salate (con verdura o pesce).

Umeboshi

Si tratta di prugne giapponesi sottoposte a stagionatura sotto sale per oltre un anno. Sono un condimento dal sapore salato e acidulo nello stesso tempo, e vengono usate in cucina sia come base per la preparazione di salse e creme salate, sia per condire verdure e cereali.

chiaio per... mangiarla, piuttosto che spalmarsela con le mani un po' dappertutto. Più il bambino ha la possibilità di manipolare e sperimentare le varie consistenze dei materiali, giocando, per esempio, con acqua e farina, acqua e sabbia, creta, didò, pongo e altri materiali di questo tipo, meno sentirà il bisogno, quando sarà seduto a tavola, di fare disastri!

Solo dopo i 2 anni e mezzo di età si potrà con dolcezza indirizzare il bambino a capire che la tavola e il pasto sono occasioni di ritrovo, in cui esistono regole da rispettare affinché rappresentino un momento di piacere.

È utile coinvolgere in qualche modo il bambino facendolo giocare al 'cameriere che apparecchia, sparecchia o serve in tavola', e farlo partecipare alla preparazione del cibo attraverso l'esperienza diretta, come tagliare verdure lessate, grattugiare il pane o il formaggio.

Se il bambino si sente coinvolto nella preparazione, è più facile che abbia rispetto per il cibo e i pasti, mentre se si sente escluso («Vai di là a giocare, che devo cucinare», oppure lo si lascia davanti alla televisione per essere più liberi), il momento del mangiare diventa solo un soddisfacimento della fame, o un autentico supplizio al quale il bambino cerca di sfuggire non appena può.

SE IL BAMBINO NON MANGIA

Spesso, il fatto che i bambini non mangino viene affrontato e vissuto come un problema grave e praticamente irrisolvibile che crea tensione e disagio in tutta la famiglia.

L'approccio più corretto, anche in questo caso, consiste nell'affidarsi all'osservazione e al buon senso: a fine giornata fare un bilancio di quanto il bambino ha mangiato, mettendo in conto anche eventuali spuntini e merende.

Se il bambino gioca, è sveglio e reattivo, corre e si diverte tutto il giorno, non è il caso di preoccuparsi troppo. Un altro aspetto da tenere presente è la costituzione famigliare: è abbastanza improbabile, se non impossibile, che due genitori magri e filiformi mettano al mondo un piccolo 'colosso'.

I bambini, come si sa, ci obbligano costantemente a tenere ben desta la nostra capacità di osservazione; cercate di capire, per quanto possibile, se il rifiuto del cibo è motivato, se il piccolo ha capito che la sua alimentazione è il vostro punto debole e continua a testare questa debolezza.

Il bambino che ha fame mangia; il bambino mangia quando ha fame. Questa affermazione può sembrare banale ma, se ci crederete fino in fondo, molte ansie spariranno per incanto. È molto difficile, infatti, che a questa età il bambino si lasci deperire e non mangi. In concomitanza con gravi problemi familiari o malattie, può temporaneamente rifiutare il cibo ma, una volta tornata la normalità, il problema tende a risolversi da solo.

Che cosa fare allora? Cercate di mantenere la calma e non spaventatevi troppo di fronte ai rifiuti; decidete una linea da seguire e sforzatevi di mantenerla. Non caricate il momento del pasto con altre valenze emotive, facendo piuttosto mangiare il bambino prima degli adulti creandogli attorno una situazione a lui più consona, apparecchiando un tavolino con stoviglie apposite, preparando la seggiolina piccola, raccontando una fiaba...

Informatevi se il bambino, che a casa rifiuta il cibo, quando è all'asilo mangia, e, se necessario, parlatene con gli insegnanti.

Provate a semplificare i piatti che preparate: anziché ricette complicate e sofisticate, preparatele semplici con sapori ben identificabili, in modo da capire facilmente quello che il bambino mangia volentieri e quello che non gli piace.

Eliminate carne, uova, latte, zucchero e formaggio per qualche giorno e verificate il suo comportamento. Cercate, inoltre, di non offrire fuori-pasto 'dannosi' come gelati, cioccolata, merendine, caramelle, biberon o bicchieri di latte.

Non complicatevi la vita in cucina. È bene variare i menù e far assaggiare di tutto al bambino ma, in presenza di casi particolarmente difficili, si può anche ridurre la varietà e, una volta individuati alcuni cibi graditi, puntare su quelli, proponendo gli altri come semplici assaggi.

• Non appena un bambino passa dall'alimentazione lattea ai primi cibi solidi, i genitori e, ancor più, i nonni si pongono preoccupati la domanda: «Ma questo bambino mangerà abbastanza?», alludendo, il più delle volte, alle proteine e, in particolare, a quelle animali.

In un paese come il nostro, in cui per la stragrande maggioranza della popolazione non esistono problemi alimentari, la domanda dovrebbe semmai essere esattamente opposta: «Ma questo bambino non mangerà troppe proteine?»

• I piccoli necessitano di una quantità di proteine maggiore per chilo di peso corporeo rispetto agli adulti, proprio perché le proteine sono 'i mattoni' che strutturano la crescita corporea, ma, spesso, l'introduzione nell'organismo è eccessiva.

Le 'malattie del benessere'

• Oggi, con migliori condizioni socio-economiche e possibilità di accedere all'informazione non c'è più alcun motivo per continuare a ragionare secondo vecchi schemi, ignorando le relazioni tra le cosiddette 'malattie del benessere' (malattie cardiache, cancro, ictus, ipertensione) e alimentazione.

• Per promuovere e mantenere la salute contano alimentazione e stile di vita, ma le basi principali si pongono nei primi anni, che 'improntano di sé' il gusto e le scelte alimentari del futuro. Relazioni come quella tra l'eccesso di sodio (sale) nella dieta e lo sviluppo dell'ipertensione arteriosa nell'età adulta o quella tra il troppo colesterolo (un grasso di origine animale che, se in eccesso, si deposita nelle arterie riducendone il lume) e l'arteriosclerosi sono ormai assodate.

Spesso però non si considera abbastanza come abitudini e 'rischi' si impostino fin dalle prime scelte alimentari compiute per il nostro bambino, e come alcuni problemi di salute oggi molto ricorrenti derivino, oltre che da un'assunzione di cibo eccessiva, dall'esserci anche troppo discostati dall'alimentazione 'naturale'.

Frugivori, erbivori e carnivori

• L'essere umano, ci hanno detto, è onnivoro, ma la nostra conformazione anatomica è, piuttosto, quella di un frugivoro, un animale destinato a cibarsi di frutta, verdura, cereali, noci e germogli come le grandi scimmie antropomorfe. Abbiamo un intestino ben diverso da quello lunghissimo degli erbivori e da quello corto e liscio dei carnivori, così come lo sono i denti, la mascella, la composizione della saliva...

• A tutto ciò dobbiamo aggiungere che la carne oggi a nostra disposizione proviene da animali allevati in condizioni artificiose, che ricevono dosi massicce di farmaci (ormoni sintetici, antibiotici), che poi passano nel corpo di chi se ne nutre.

• Nessun problema, allora, se il nostro piccolo spontaneamente rifiuta 'la ciccia': vi sono moltissimi modi più sani e naturali per offrirgli un'alimentazione ricca di tutti i nutrienti di cui ha bisogno per crescere, derivati da cibi freschi, variati, coltivati organicamente.

• Purtroppo il mito delle 'proteine nobili' permane tuttora, anche se sia la scienza nutrizionale sia la saggezza popolare ci hanno ampiamente dimostrato che le proteine dei cereali unite a quelle delle leguminose (il famoso 'risi e bisi' veneto, pasta e ceci, riso e fagioli, pasta e fagioli, pane e noci) sono altrettanto complete.

• Se pensiamo, poi, che uno degli alimenti di base fino ai 18-24 mesi è il latte (materno, innanzi tutto, ma anche di mucca o di capra, di soia, mandorle o cereali) e che già verso l'anno si iniziano a introdurre (per chi intende farne uso) alcuni formaggi, e poi l'uovo, ci rendiamo conto di come la base proteica sia certamente assicurata senza doverla cercare a tutti i costi nei prodotti animali diretti.

• D'altra parte centinaia di milioni di persone in tutto il mondo vivono senza cibarsene.

La scelta vegetariana, o comunque di una drastica restrizione dell'uso di prodotti animali sia noi sia per i bambini, è non solo possibile, ma altamente auspicabile.

BUDINO DI PANE

STAGIONE: tutto l'anno
PREPARAZIONE: 20 minuti
COTTURA: 45 minuti
MEDIA DIFFICOLTÀ

INGREDIENTI (per 3-4 porzioni)
1 bicchiere di uvetta
5-6 bicchieri di pane vecchio
1 bicchiere d'acqua
4 bicchieri di succo di mela
1 pizzico di sale
1 pizzico di cannella
1 bicchiere di noci
2 mele

PREPARAZIONE

Tagliate a cubetti del pane vecchio non troppo duro; calcolatene una quantità pari a circa 5-6 bicchieri e mettetelo in una terrina. In una casseruola, portate a bollore 4 bicchieri di succo di mela e uno d'acqua, un pizzico di sale, un bicchiere scarso di uvetta e un pizzico di cannella in polvere.

Versate il liquido bollente con l'uvetta sopra il pane, coprite e lasciate riposare per un paio d'ore. Sgusciate un bicchiere di noci, pulite e sbucciate un paio di mele e tagliatele a pezzetti.

Preriscaldate il forno a 180°; ungete con dell'olio di sesamo o di mais uno stampo da forno (di 18-20 centimetri di diametro, se rotondo, o di 15x25 centimetri, se rettangolare).

Mescolate le noci tritate e le mele al pane, quindi versate l'impasto nello stampo. Cuocete in forno, per 35 minuti, coprendo con un foglio di alluminio; poi toglietelo e cuocete ancora 10 minuti (o 20, qualora usaste uno stampo rotondo).
Lasciate raffreddare nello stampo, quindi capovolgete e servite a fette.

CREMA DI MELE E SESAMO

STAGIONE: tutto l'anno
PREPARAZIONE: 10 minuti
COTTURA: 15 minuti
FACILE

INGREDIENTI (per 3-4 porzioni)
1 litro di succo di mele
4 cucchiaini di fiocchi di agar-agar
3 cucchiai di crema di sesamo (tahin)
1 baccello di vaniglia
1 limone

PREPARAZIONE

Ammollate per un quarto d'ora in un litro di succo di mela 4 cucchiai di fiocchi di agar-agar.

Mettete in una pentola, portate a bollore, abbassate al minimo e cuocete fino a che l'alga non sia completamente disciolta nel liquido.

Prelevate una tazza di questo liquido e stemperatevi dentro 3 cucchiai di crema di sesamo (tahin), un pezzetto di baccello di vaniglia e la buccia grattugiata di un limone.

Mescolate bene il tutto e aggiungete la crema così ottenuta al resto.

Mettete la crema in coppette singole e fate rassodare prima di servire.

DAI 15 AI 24 MESI

CREMA DI ZUCCA

STAGIONE: autunno-inverno
PREPARAZIONE: 10 minuti
COTTURA: 20 minuti
FACILE
PER TUTTA LA FAMIGLIA

INGREDIENTI (per 2-3 porzioni)
1 cipolla
400 g di zucca
2-3 carote
1 cucchiaio di crema di sesamo (tahin)
1 cucchiaio di miso d'orzo o salsa di soia
2-3 cucchiai di crema di riso già cotta

PREPARAZIONE

Appassite in poca acqua salata una cipolla affettata sottilmente. Unite 400 g di zucca a pezzetti e 2-3 carote a rondelle.

Aggiungete dell'altra acqua e cuocete dolcemente finché le verdure diverranno tenere.

Incorporate alcuni cucchiai di crema di riso (*vedi* la ricetta a pag. 45), amalgamate bene mescolando con un cucchiaio di legno e lasciate cuocere ancora per qualche minuto.

Passate il tutto al frullatore, o al passaverdure, e insaporite con un po' di salsa di soia o con del miso d'orzo stemperato in pochissima acqua calda, oltre a una punta di crema di sesamo (tahin).

Servite con crostini di pane e prezzemolo tritato.

Questa crema è ottima per condire cereali avanzati (riso, miglio, orzo...)

DOLCE DI SEMOLINO

STAGIONE: tutto l'anno
PREPARAZIONE: 10 minuti
COTTURA: 15 minuti
FACILE

INGREDIENTI (per 2-3 porzioni)
2 bicchieri di semola di grano duro
4 bicchieri d'acqua
1 baccello di vaniglia
2 pere

PREPARAZIONE

In una pentola portate a bollore 4 bicchieri di acqua leggermente salata; versate a pioggia, aiutandovi con una frusta, 2 bicchieri di semola di grano duro, quindi unite un baccello di vaniglia inciso per il lungo e raschiato e alcune pere a pezzetti.

Cuocete a fuoco bassissimo per 15 minuti.

Frullate il tutto e travasate in uno stampo a cassetta, in modo da procedere per strati che presserete per bene con le mani bagnate.

Una volta freddo, rovesciate il semolino e tagliatelo a fette prima di portarlo in tavola.

FILETTI DI SOGLIOLA AL VAPORE

STAGIONE: tutto l'anno
PREPARAZIONE: 10 minuti
COTTURA: 20 minuti
FACILE
PER TUTTA LA FAMIGLIA

INGREDIENTI (per 2-3 porzioni)
3 filetti di sogliola
salvia
2 foglie di alloro
1 limone
1 cucchiaio d'olio d'oliva

PREPARAZIONE

Lavate alcuni filetti di sogliola, spolverateli con un pizzico di sale e cuoceteli a vapore per 15-20 minuti, dopo aver messo nell'acqua di cottura un paio di foglie fresche di alloro.

Condite la sogliola con una salsina ottenuta mescolando alcune foglioline di salvia tritata molto finemente, un po' di succo di limone e un filo di olio extravergine di oliva.

INSALATA MISTA DI VERDURE E LEGUMI

STAGIONE: estate
PREPARAZIONE: 10 minuti
FACILE
PER TUTTA LA FAMIGLIA

INGREDIENTI (per 2-3 porzioni)
fagioli cannellini
fagioli dell'occhio
acqua
lattuga
carote
rucola
rapanelli
prezzemolo tritato
olive nere
timo o origano
olio extravergine d'oliva

PREPARAZIONE

Cuocete dei fagioli di tipo diverso che abbiano, però, uguale tempo di cottura (cannellini e fagioli dell'occhio, per esempio), scolateli e lasciateli raffreddare.

A parte preparate un'insalata mista con verdure fresche di stagione: lattuga, carote, rucola, rapanelli, sedano e prezzemolo tritato, arricchite con qualche oliva nera, aromatizzate con un pizzico di timo o di origano, unitela ai fagioli e condite il tutto con un po' di olio extravergine di oliva e qualche goccia di salsa di soia.

Se lasciate riposare un paio d'ore prima di servire, i sapori si amalgameranno meglio e l'insalata risulterà più saporita.

Dal momento che anche l'occhio vuole la sua parte, nella scelta delle verdure, tenete presente anche l'importanza dei colori!

MIGLIO E ZUCCHINE

STAGIONE: primavera-estate
PREPARAZIONE: 15 minuti
COTTURA: 45 minuti
MEDIA DIFFICOLTÀ
PER TUTTA LA FAMIGLIA

INGREDIENTI (per 2-3 porzioni)
1 tazza di miglio
3-4 zucchine
1 cipolla
3 tazze di acqua
2 cucchiaini di olio di semi di sesamo
2 cucchiai di salsa di soia
1 pizzico di sale

PREPARAZIONE

In una casseruola scaldate 2 cucchiai di olio di sesamo, saltatevi una cipolla affettata e 3-4 zucchine tagliate a dadini, salate appena e lasciate stufare per 5 minuti.

Unite una tazza di miglio con 3 tazze di acqua fredda, portate a bollore, abbassate la fiamma e cuocete una ventina di minuti.

Alla fine, correggete il sapore con qualche goccia di salsa di soia, e cospargete di prezzemolo tritato.

Questo piatto può essere aromatizzato con una piccola grattugiata di noce moscata in polvere. Tenete presente, però, che le spezie in genere, così come molte erbe aromatiche, tendono a stimolare il sistema nervoso, per cui vanno usate a ragion veduta e, comunque, sempre con una certa moderazione.

MINESTRA DI POLENTA

STAGIONE: periodi freddi
PREPARAZIONE: 10 minuti
COTTURA: 40 minuti
MEDIA DIFFICOLTÀ
PER TUTTA LA FAMIGLIA

INGREDIENTI (per 2-3 porzioni)
2 cipolle
1 carota
1 porro
5 bicchieri d'acqua
3-4 cucchiai di farina di mais
1 cucchiaio d'olio di mais

PREPARAZIONE

In una pentola riscaldate un cucchiaio di olio di mais e saltatevi 2 cipolle tagliate a quarti, poi una carota tagliata in diagonale e infine un porro a rondelle.

Aggiungete un bicchiere d'acqua e cuocete per un quarto d'ora circa. In una padella a parte, scaldate un cucchiaio di olio di mais e abbrustolitevi 3-4 cucchiai di farina di mais, mescolando di continuo con un cucchiaio di legno.

Aggiungete alla verdure ancora 4 bicchieri di acqua prima di versare a pioggia, aiutandovi con una frusta, la farina di mais tostata. Cuocete dolcemente per altri 15 minuti circa, aggiustate il sale e servite.

MINESTRONE DI PASTA E VERDURE

STAGIONE: periodi freddi
PREPARAZIONE: 20 minuti
COTTURA: 40 minuti
MEDIA DIFFICOLTÀ
PER TUTTA LA FAMIGLIA

INGREDIENTI (per 2-3 porzioni)
2 carote
1 gambo di sedano
1 cipolla
1 spicchio d'aglio
4 foglie di bietola
3 cm di alga wakame
2 tazze d'acqua
2-4 cucchiai di salsa senza pomodoro
2 cucchiai di olio d'oliva
1 pizzico di sale
1 pugno di pastina di piccolo formato
prezzemolo tritato

PREPARAZIONE

Dopo averli lavati, tagliate a piccoli pezzetti una cipolla, un paio di carote, un gambo di sedano, qualche foglia di bietola, un pezzetto di alga wakame ammollata in acqua per alcuni minuti e uno spicchio d'aglio.

In una pentola, scaldate 2 cucchiai di olio extravergine di oliva e fate saltare, nell'ordine, l'aglio, la cipolla, l'alga, le carote, il sedano e le foglie verdi. Salate, coprite e lasciate stufare per qualche minuto.

Unite alcune tazze di acqua fredda, portate a bollore, abbassate e cuocete per 40 minuti circa. Arricchite con 3-4 cucchiai di salsa senza pomodoro (*vedi* la ricetta a pag. 67), buttate un pugno di pasta di piccolo formato (quadrucci, stelline o ditalini) e cuocete.

A fine cottura, correggete il sapore, se occorre, con un po' di salsa di soia, e servite spolverando di prezzemolo tritato.

PASTA E CAVOLFIORE

STAGIONE: inverno-estate
PREPARAZIONE: 10 minuti
COTTURA: 25 minuti
MEDIA DIFFICOLTÀ
PER TUTTA LA FAMIGLIA

INGREDIENTI (per 2-3 porzioni)
1 carota
1 cipolla
1 cavolfiore
1/2 bicchiere d'acqua
2 cucchiai di crema di riso già preparata
1 pizzico di sale

PREPARAZIONE

Saltate in una padella appena oliata una cipolla tagliata a lamelle sottili, una carota tagliata a dadini e un cavolfiore tagliato finemente.

Dopo aver leggermente salato, unite mezzo bicchiere d'acqua, coprite e cuocete a fuoco dolce per 20 minuti circa.

A piacere potete legare le verdure con alcuni cucchiai di crema di riso (*vedi* la ricetta a pag. 45); continuate la cottura ancora per un paio di minuti.

Usate questa preparazione per condire pasta integrale o semintegrale (penne o farfalle).

PASTICCINI DI AVENA

STAGIONE: tutto l'anno
PREPARAZIONE: 1 ora
COTTURA: 45 minuti
DIFFICILE

INGREDIENTI (per 3-4 porzioni)
2 mele
1/2 bicchiere di mandorle tritate
2 bicchieri di fiocchi d'avena
1/2 bicchiere di farina
1 bicchiere di latte di riso
1 limone
1 pizzico di sale
3-4 cucchiai di olio di mais

PREPARAZIONE

Sabbiate 2 bicchieri di fiocchi di avena con mezzo bicchiere di farina setacciata, un pizzico di sale e 3-4 cucchiai di olio di mais.

Unite 2 mele grattugiate, un bicchiere scarso di latte di riso (o di soia) e il succo di un limone e, dopo aver bene amalgamato in una terrina, lasciate riposare per un'ora circa.

Aggiungete mezzo bicchiere di mandorle tritate e stendete il composto in una teglia oliata che passerete in forno a cuocere per 30 minuti a media temperatura.

Fate raffreddare, tagliate a quadratini e tostateli delicatamente, sempre in forno, da ambedue le parti.

Si accompagnano molto bene con una composta di frutta o una buona marmellata.

RISOTTO CON LA ZUCCA

STAGIONE: autunno-inverno
PREPARAZIONE: 10 minuti
COTTURA: 45 minuti
MEDIA DIFFICOLTÀ
PER TUTTA LA FAMIGLIA

INGREDIENTI (per 2-3 porzioni)
1 tazza di riso integrale
2 tazze di zucca a dadini
1 cipolla
3 tazze di acqua
2 cucchiai di tofu
2 cucchiai di salsa di soia
1 pizzico di sale

PREPARAZIONE

Lavate una tazza di riso. Affettate una cipolla e tagliate a dadini 2 tazze di zucca.

Mettete sul fondo di una pentola la cipolla, sovrapponete la zucca, il riso e coprite con 3 tazze di acqua fredda.

Cuocete con lo spargifiamma, a pentola coperta, per 45 minuti.

Con una forchetta, sbriciolate 1-2 cucchiai di tofu sbollentato e aggiungetelo al riso a metà cottura.

A fine cottura, insaporite con della salsa di soia e, a piacere, spolverate con un pizzico di prezzemolo tritato, quindi servite.

SALSA SENZA POMODORO

STAGIONE: tutto l'anno
PREPARAZIONE: 25 minuti
COTTURA: 60 minuti
MEDIA DIFFICOLTÀ
PER TUTTA LA FAMIGLIA

INGREDIENTI (per 2 litri di salsa)
1 kg di carote
250 g di rape rosse
1 kg di cipolle
1 tazza di acqua
3-4 cucchiai di pasta di prugne umeboshi
2 cucchiai di salsa di soia
1 pizzico di sale

PREPARAZIONE

Per circa 2 litri di salsa, tagliate a pezzetti 1 kg di carote, 1 kg di cipolle e 250 g di rape rosse. Trasferite le verdure in una pentola a pressione con una scodella di acqua e un pizzico di sale. Cuocete a pressione per 45 minuti, quindi frullate il tutto o passate al passaverdure.

Rimettete la purea ottenuta sul fuoco con 3-4 cucchiai di pasta di prugne umeboshi e cuocete senza coperchio per 15-20 minuti.

Se intendete conservare la salsa, mettetela ancora calda in barattoli di vetro che chiuderete subito. Dopo averli capovolti, lasciateli raffreddare a temperatura ambiente.

Per variare il sapore della salsa potete aggiungere un gambo di sedano, qualche fogliolina di basilico fresco, un rametto di timo, o qualche foglia di alloro.

Nel colore e nel sapore, questa salsa si avvicina molto alla classica passata di pomodoro, senza gli inconvenienti legati alla forte acidità tipica delle solanacee (oltre al pomodoro, patate, peperoni e melanzane). Avrete così pronto un condimento svelto, versatile e veramente appetitoso.

SEITAN CON FUNGHI E POLENTA

STAGIONE: periodi freddi
PREPARAZIONE: 10 minuti
COTTURA: 30 minuti
FACILE
PER TUTTA LA FAMIGLIA

INGREDIENTI (per 2-3 porzioni)
1 cipolla
2 carote
300 g di seitan
100 g di funghi champignons
1 cucchiaio d'olio di sesamo
prezzemolo tritato

PREPARAZIONE

Saltate in una padella in cui avrete scaldato un cucchiaio di olio di sesamo una grossa cipolla affettata sottilmente; aggiungete 2 carote tagliate a fiammifero e 100 g di champignons a lamelle (o un pugno di funghi secchi ammollati in acqua e tagliati sottili).

Salate e, sempre mescolando, lasciate rosolare per qualche minuto.

Disponete sopra 300 g di seitan a pezzetti aggiungendo, se necessario, un po' d'acqua. Coprite, abbassate la fiamma e cuocete una ventina di minuti.

Verso fine cottura, correggete con qualche goccia di salsa di soia e guarnite con un po' di prezzemolo tritato. Accompagnate con una polenta piuttosto morbida.

STRUDEL DI MELE

STAGIONE: tutto l'anno
PREPARAZIONE: 20 minuti
COTTURA: 50 minuti
MEDIA DIFFICOLTÀ

INGREDIENTI (per 3-4 porzioni)

per la pasta:
4 bicchieri di farina
1 bicchiere d'acqua fredda
1 bicchiere d'olio di mais
1 pizzico di sale

per il ripieno:
4 mele (pere, o prugne e fichi secchi)
1 bicchiere d'uvetta
1 bicchiere di nocciole tostate
cannella in polvere

PREPARAZIONE

Prima di preparare il ripieno mettete in freezer un bicchiere d'acqua. Ammollate un bicchiere di uvetta, pulite alcune mele, sbucciatele e tagliatele a pezzetti.

In una terrina mescolate 4 bicchieri di farina setacciata, un pizzico di sale e un bicchiere scarso di olio di sesamo. A questo punto, versate lentamente nell'impasto 5-6 cucchiai di acqua ghiacciata e impastate. Aggiungete eventualmente altra acqua.

Con un matterello, tirate una sfoglia rettangolare, copritela con le mele, l'uvetta scolata e strizzata, un bicchiere di nocciole tostate e tritate e una spolverata di cannella. Aiutandovi con una spatola, sollevate un'estremità dell'impasto e arrotolate. Chiudete lo strudel pressando i bordi con una forchetta e trasferitelo in una teglia leggermente oliata. Sempre con i denti della forchetta, punzecchiatene la superficie.

Infornate in forno già caldo e cuocete a 180° per 40-50 minuti.
A fine cottura, la crosta dovrà essere di un colore dorato. Fate raffreddare prima di tagliare.

TOFU IMPANATO

STAGIONE: tutto l'anno
PREPARAZIONE: 10 minuti
COTTURA: 20 minuti
FACILE
PER TUTTA LA FAMIGLIA

INGREDIENTI (per 2-3 porzioni)
1 panetto di tofu
1 tazza di maizena
pangrattato
1 cucchiaio d'olio di sesamo

PREPARAZIONE

Scottate in acqua bollente un panetto di tofu per un paio di minuti, quindi scolatelo e pressatelo leggermente per far fuoriuscire l'eccesso di liquido assorbito.

Tagliatelo a fettine e passatelo in una pastella che avrete ottenuto mescolando un po' d'acqua fredda, un pizzico di sale e della fecola di mais (maizena), quindi impanate le fette nel pangrattato.

Scaldate 1-2 cucchiai di olio di sesamo in una padella e fate saltare il tofu, lasciandolo dorare prima da una parte, poi dall'altra.

Spruzzate con una salsina a base di acqua, salsa di soia e succo di limone mescolati in parti uguali e servite con cereali bolliti e verdure cotte.

Dai 24 mesi ai 3 anni

Il bambino cresce quasi 'di corsa' e il tempo passa senza che ce ne accorgiamo. Sembrano trascorsi pochi giorni da quando quel piccolo fantolino, che ancora non sapeva camminare, desiderava solo coccole e carezze e ora, invece, eccolo qua: un individuo, una personcina con un proprio carattere, un proprio temperamento e, soprattutto, con le proprie esigenze.

A questa età si sviluppa nel bambino la capacità di identificarsi differenziandosi da tutto il resto. L'Io viene continuamente dichiarato e affermato: «Io voglio l'acqua», «Io non voglio andare a letto». Inizia anche la fase dell'opposizione, o dei 'no', un momento critico durante il quale il bambino, per trovare una sua propria identità, mette alla prova tutti quelli che lo circondano. Molto spesso è un momento difficile un po' per l'intera famiglia, perché all'improvviso, al posto del bambino docile a cui eravamo abituati, ci dobbiamo confrontare con una persona che ancora non sa precisamente che cosa vuole, e faticosamente cerca di capirlo.

Accompagnamolo in questo suo percorso, cerchiamo di essere pazienti e di creare le condizioni per cui tutte le sue potenzialità possano essere comprese e quindi espresse.

Il compito dell'adulto è proprio quello di far sì che il bambino possa conoscere se stesso e le sue caratteristiche individuali per metterle in pratica nella vita: questo non vuol dire naturalmente lasciarlo in balìa di se stesso e delle sue momentanee passioni, ma significa stargli al fianco, creando un'atmosfera positiva, di approvazione per i suoi sforzi, ma anche ferma e coerente quando si tratta di far comprendere alcune regole essenziali. Non è un compito facile, ma occorre dare fiducia al bambino. Circondarlo d'amore non significa dirgli sempre di sì o assecondarlo, ma aiutarlo con coerenza, e soprattutto con il nostro esempio, a tirare fuori la parte migliore di sé.

Anche a tavola spesso ci si trova davanti ad atteggiamenti che non sappiamo spiegarci, che interpretiamo sbrigativamente come 'capricci', e che hanno l'effetto di rovinare quell'atmosfera di calore che si vorrebbe creare. A volte è il bambino che chiede chiarezza e coerenza, che chiede a noi, adulti-educatori, 'regole' e limiti. È importante gestire le situazioni senza schemi o formule, ma interrogandosi ogni volta sul significato di alcuni comportamenti per inventare, con fantasia e creatività, di volta in volta le soluzioni più adatte.

Le accuse e i rimproveri non servono. A questa età il bambino comprende meglio e accetta assai più volentieri forme di gioco che, peraltro, hanno più probabilità di successo. Se un bambino è abituato a mangiare giocando con le macchinine sulla tavola apparecchiata, per fargli capire che a tavola non si gioca, possiamo consigliargli di parcheggiare le automobiline sotto il divano prima di cominciare a mangiare, così avranno il tempo per 'fare il pieno di benzina'.

LA DENTIZIONE

Entro i 3 anni si completa la crescita dei denti da latte: 8 incisivi, 4 canini, e 8 molari che permettono al bambino una corretta masticazione. Bisogna, comunque, insegnargli a masticare, lentamente e a lungo. Iniziando presto diventerà un'abitudine semplice da mantenere per il piccolo.

Tutti sappiamo quanto gli effetti della masticazione siano essenziali per una buona digestione e assimilazione dei cibi, eppure oggi, con la fretta che mettiamo in ogni nostro gesto, quasi sempre ce ne dimentichiamo. Con l'esempio, e ricordando al bambino di masticare bene, è possibile inventare molti giochi per rendere automatico questo esercizio. Masticando, si sviluppa anche il senso del gusto che, al pari degli altri sensi, va opportunamente educato. Possiamo giocare con il bambino a individuare, per esempio, i cinque principali sapori (l'amaro, il salato, il dolce, l'acido e il piccante), proponendo cibi particolari accompagnati da filastrocche e indovinelli.

LAVARSI I DENTI

Lo spazzolino già a 2 anni?

- Davvero conviene incominciare presto con lo spazzolino? Certo, anzi prestissimo.
- Si può iniziare come per gioco e il bambino impara, assieme ai genitori, così come impara a lavarsi le mani.
- Però, appena possibile, bisogna insegnargli a farlo bene. Il fatto è che la placca batterica è una sorta di strato spugnoso incollato al dente. Non basta un rapido risciacquo o un getto d'acqua a eliminarla. Ci vuole proprio una spazzola per tirarla via, ovvero lo spazzolino.
- I denti sono radicati nell'osso come pali di una palizzata; perciò vanno puliti in senso verticale, se non si vuole che lo sporco si accumuli negli interstizi.
- Bisogna quindi eseguire piccoli movimenti circolari e poi verticali, dall'alto verso il basso per l'arcata superiore e dal basso verso l'alto per quella inferiore. Cioè sempre dalla gengiva verso l'apice del dente.
- Ai bambini bisognerebbe trasmettere, come abitudine ovvia, l'importanza di lavarsi i denti ogni volta che si mangia e di rinnovare periodicamente lo spazzolino, perché se le setole sono sciupate non puliscono nulla.
- Quando crescono, dovrebbero usare una volta il giorno il filo interdentale. I bambini, pieni di curiosità verso tutte le cose, imparano in fretta. Però anche questo va inseg ato con pazienza, perché i movimenti siano delicati (per non ferire le gengive) ma accurati, e la pulizia sia efficace.

ZUCCHERO = CARIE

- L'Organizzazione Mondiale della Sanità (OMS) ha stabilito che la carie dentaria (la malattia in assoluto più diffusa, con alti costi sociali) è determinata dall'alimentazione dei popoli ricchi, che fra l'altro eccede in bevande e in cibi dolcificati.
- L'effetto più dannoso sullo smalto dei denti lo produce proprio lo zucchero che resta attaccato a essi, soprattutto se di tipo gommoso, come certe caramelle.
- Ma, oltre a questo, ciò che favorisce maggiormente la carie è la quantità di volte che si mangiano cose dolci.
- Nella nostra bocca abbiamo un livello minimo (e normale) di acidità che la saliva è in grado di regolare.
- Ogni volta che mangiamo o beviamo qualcosa di dolce, i milioni di microrganismi che sono ospiti d'obbligo della nostra bocca (batteri, funghi) fermentano lo zucchero e lo trasformano in acido.
- Di conseguenza l'acidità aumenta, ma fino a un certo punto, perché viene bloccata dalla saliva che tende a ristabilire l'equilibrio chimico della bocca.
- Ora, se questo avviene di frequente, la saliva (per così dire) non ce la fa più.
- In mancanza di igiene i microrganismi prendono il sopravvento e producono sempre più acido, formando sui denti, specie negli interstizi, una pellicola assai aderente, la famosa placca batterica.
- I microrganismi si preparano così la strada per attaccare lo smalto e per decalcificarlo.
- Al limite si potrebbe dire che per i denti è meno dannosa una torta mangiata tutta insieme che centellinata, dato che occorrono circa 20 minuti per far tornare l'acidità della bocca (il cosiddetto pH) ai livelli normali (a meno che ogni volta non ci si lavi i denti!)
- Non dimentichiamo inoltre che lo zucchero è sotto accusa, oltre che per la carie e l'eccessiva carica calorica, perché consuma enzimi e oligoelementi che occorrono per la sua assimilazione, traendoli dalle riserve dell'organismo.

ANCHE L'OCCHIO VUOLE LA SUA PARTE

'Trucchi' e fantasia per presentare i cibi

Sarà capitato a tutti di sfogliare una rivista o un libro di cucina e di sentire 'l'acquolina in bocca' osservando le illustrazioni dei piatti presentati. Le foto accattivanti di preparazioni colorate, ben guarnite… ci fanno venire appetito anche se ci siamo appena alzati da tavola. Possiamo sperare di ottenere anche noi lo stesso effetto, servendo i soliti piatti? Bisogna ricorrere a qualche piccolo trucco nella presentazione, pescando nella nostra capacità di inventiva e sapendo sfruttare i gusti dei nostri famigliari. Invece, molto spesso, quando si tratta di portare in tavola il cibo, questo aspetto viene trascurato, sia per la fretta, sia per mancanza di abitudine. Eppure, a ben pensarci, basta poco per fare di un 'semplice risotto' una raffinata ciambella di riso decorata con ciuffetti di prezzemolo e fiori di carota, o di una pastina in brodo una minestrina in cui nuotano piccoli pesciolini di carota o di zucchina.

Se, per gli adulti, queste piccole astuzie gratificano soprattutto il gusto estetico, per i bambini costituiscono un momento di gioia, e un incentivo, per i più pigri, a 'tuffarsi' nel piatto. Se una pietanza viene servita con cura, se il cibo viene disposto nel piatto con gusto, accostando forme e colori diversi, per il bambino costituisce anche un momento educativo perché si abitua a guardare con rispetto agli alimenti, a dare importanza a ciò che mangia. Un cibo presentato sciattamente e con poca cura, per quanto buono e nutriente possa essere, non susciterà certamente le stesse emozioni.

Se poi il vostro bambino gioca con il cucchiaio nel piatto oppure, ogni volta che si siede a tavola, dice: «Basta» alla 'solita minestra', è proprio il momento di mettere un 'vestito nuovo' al vecchio piatto per risolvere situazioni che potrebbero creare tensioni e litigi.

Ma che cosa escogitare?

Ecco alcuni piccoli trucchi semplici, veloci e, quasi sempre, di sicuro effetto: presentate i cibi in piatti di portata e non nella pentola in cui sono stati cucinati; ricordatevi di variare ogni volta forme e colori.

Tutti i cereali cotti, tanto per fare un esempio, si prestano molto bene a essere messi in stampi di forme diverse: a ciambella, a cassetta, a forma di pesce, di orsetto, eccetera.

Se decidete di 'riciclare' gli stessi cereali cotti passandoli in forno o in padella, potete rassodarli aggiungendo un po' di pangrattato: fatene piccole polpette, e vedrete che effetto sortiranno!

La polenta, il miglio e il semolino sono ideali per essere tagliati e ripassati in forno ma, anziché fare le solite fette, usate degli stampini da biscotti (ce ne sono di tutte le forme), oppure ritagliateli con il bordo di un bicchierino o di una tazzina.

I cereali possono anche essere avvolti in verdure a foglia (cavolo cinese, coste o insalata) per farne dei fagottini, oppure possono diventare il ripieno per barchette di sedano, zucchine o pomodori. Un tipico esempio di cereale 'incartato' si trova nella ricetta del *sushi* (riso cotto avvolto in un foglio di alga nori).

Un altro possibile accorgimento consiste nel presentare il cereale a palline, usando lo stesso utensile che usano i gelatai, oppure delle coppette inumidite in cui il cereale viene pressato e poi rovesciato su un piatto prima di essere servito a tavola.

Non sono necessari strumenti e attrezzi particolari in cucina: le mani, con un po' di pratica e di fantasia, sono gli 'utensili' migliori per fare palline, gnocchetti, bocconcini, o crocchette da servire asciutte, o cotte in brodo.

La cucina è un'arte che richiede estro, inventiva e, chiaramente, un po' di esperienza, ma è anche qualcosa che ripaga e appassiona chi prepara con entusiasmo, e stimola l'appetito (e l'allegria) nei commensali.

Se parliamo di verdure, poi, le possibilità di presentazione sono davvero numerosissime. Prendiamo, per esempio, una carota: la si può tagliare a rondelle, più o meno spesse, a fiammifero, a dadini, in diagonale, a punta di matita, a fiorellini, ma può essere servita anche intera o grattugiata. Lo stesso vale per rape, zucchine, rapanelli... Oltre che semplice contorno, le verdure possono costituire il ripieno di tortelli, ravioli, calzoni, strudel o torte salate. Se ne possono fare sformati, gratinarle in forno, impastarle con cereali e pangrattato per polpette o cotolette vegetali, farne una base per ragù e salse, usarle come semplice guarnizione...

I legumi, generalmente, sono abbastanza accettati così come sono ma, per variare, possono essere scolati e cucinati asciutti, oppure ridotti in purea con il passaverdure per impastarli con cereali e verdure; farne dei gnocchetti, o delle polpette da ripassare al forno, o in padella; possono anche essere aggiunti a una semplice minestra (consumati in brodo, fra l'altro, i legumi risultano più digeribili).

Lo stesso vale per il pesce che, una volta macinato e impastato con cereali cotti, qualche cappero lavato e tritato e un po' di prezzemolo, è generalmente gradito anche ai bambini che non lo amano troppo.

Provate a prendere confidenza con le ricette a base di gelatina usando i fiocchi o le barre di agar-agar che sono di una qualità assolutamente migliore delle gelatine animali che si trovano in commercio. Nei mesi estivi, soprattutto, queste preparazioni, che si servono fredde, costituiscono un trucco molto semplice ma altrettanto efficace per rendere stuzzicanti e appetitosi i piatti di verdure colorate o di pesce.

Anche se non avete tempo, oppure vi siete dimenticati un ingrediente, sforzatevi ugualmente di portare in tavola i singoli piatti in maniera divertente: a volte basta disporre delle fette di carota a cerchio, a spirale o a raggiera, mettendo al centro un cucchiaio di legumi o di cereali o personalizzare il posto a tavola con un cartellino su cui scriverete il nome del bambino.

Basta un po' di fantasia per fare del pasto un momento di gioia e convivialità!

BROCCOLETTI SICILIANI

STAGIONE: autunno-inverno
PREPARAZIONE: 15 minuti
COTTURA: 30 minuti
FACILE
PER TUTTA LA FAMIGLIA

INGREDIENTI (per 2-3 porzioni)
500 g di broccoletti verdi
1 pizzico di sale
olio extravergine d'oliva
2-3 cucchiai di semi di sesamo
1 spicchio d'aglio

PREPARAZIONE

Lavate alcuni broccoletti, sbucciatene i gambi e tagliateli a pezzetti di circa un centimetro.

Saltateli in una padella con un cucchiaio di olio di sesamo e uno spicchio d'aglio tritato.

Aggiungete un pizzico di sale, un dito d'acqua, coprite e cuocete a fiamma bassa per un quarto d'ora circa.

Al momento di servire, spolverate i broccoletti con dei semi di sesamo tostati.

BUDINO DI CARRUBA

STAGIONE: tutto l'anno
PREPARAZIONE: 20 minuti
COTTURA: 20 minuti
MEDIA DIFFICOLTÀ
PER TUTTA LA FAMIGLIA

INGREDIENTI (per 3-4 porzioni)
5 cucchiai di farina di carruba
2 cucchiai di crema di sesamo (tahin)
3 cucchiai di agar-agar in fiocchi
1 pizzico di sale
acqua
3 cucchiai di malto d'orzo
2 cucchiaini di vaniglia in polvere
1/2 bicchiere di nocciole tostate

PREPARAZIONE

Versate in una pentola 3 bicchieri di acqua, 3 cucchiai di agar-agar in fiocchi, un pizzico di sale e 2 cucchiai di crema di sesamo (tahin).

Portate a bollore, mescolando con un cucchiaio di legno, abbassate il fuoco e fate sobbollire per 5 minuti.

Tostate a secco in una padella 5 cucchiai di farina di carruba, quindi aggiungetela all'acqua assieme a 3 cucchiai di malto d'orzo; cuocete ancora un quarto d'ora, mescolando di frequente, per evitare che la crema attacchi.

Spegnete e aggiungete 2 cucchiaini di vaniglia in polvere e mezzo bicchiere di nocciole sbriciolate. Versate in coppette singole e, dopo 30 minuti, mettete in frigo a rassodare.

Servite non prima di un paio d'ore.

Questo budino, dal gusto appetitoso e dal colore scuro, è l'ideale per sostituire la cioccolata.

BUDINO DI ZUCCA

STAGIONE: inverno
PREPARAZIONE: 20 minuti
COTTURA: 50 minuti
MEDIA DIFFICOLTÀ
PER TUTTA LA FAMIGLIA

INGREDIENTI (per 3-4 porzioni)
1 zucca piccola
1 limone
1 bicchiere di farina
1 baccello di vaniglia
1 bicchiere di uvetta
1 pizzico di sale
mandorle tostate

PREPARAZIONE

Tagliate a pezzi grossi una zucca e cuocetela a vapore.

Quando la zucca sarà morbida, frullatela aiutandovi con un po' di acqua di cottura.

Aggiungete un baccello di vaniglia tagliato per il lungo, la buccia grattugiata di un limone, un bicchiere di uvetta, un pizzico di sale, un bicchiere di farina di frumento setacciata; cuocete per una ventina di minuti.

Versate in coppette singole e guarnite con qualche mandorla tostata e tritata.

Servite il budino quando si sarà raffreddato.

CAVOLO RAPA TRIFOLATO

STAGIONE: inverno
PREPARAZIONE: 10 minuti
COTTURA: 20 minuti
FACILE
PER TUTTA LA FAMIGLIA

INGREDIENTI (per 2-3 porzioni)
1 cavolo rapa
1 pizzico di sale
olio di girasole
1 spicchio d'aglio
prezzemolo tritato
1 cucchiaio di crema di riso
salsa di soia

PREPARAZIONE

Lavate e pelate un cavolo rapa, quindi tagliatelo a cubetti.

Saltatelo in padella con un cucchiaio di olio di girasole e un pizzico di sale.

Dopo qualche minuto, versate un bicchiere d'acqua e cuocete dolcemente fino a che il cavolo rapa diventi tenero.

Insaporite con qualche goccia di salsa di soia, 'legate' con un cucchiaio di crema di riso (*vedi* la ricetta a pag. 45) e lasciate sul fuoco ancora per qualche minuto.

Spegnete e spolverate con prezzemolo tritato.

Il cavolo rapa è poco usato, ma ha un sapore così delicato e una consistenza così particolare, né dura né troppo morbida, che ai bambini piace sempre (o quasi).

CECIATA

STAGIONE: tutto l'anno
PREPARAZIONE: 10 minuti
COTTURA: 20 minuti
FACILE

PER TUTTA LA FAMIGLIA

INGREDIENTI (per 2-3 porzioni)
2 bicchieri di farina di ceci
1 pizzico di sale
3/4 di litro d'acqua
olio extravergine d'oliva

PREPARAZIONE

In una terrina, sciogliete con una frusta 2 bicchieri colmi di farina di ceci in 3/4 di litro di acqua fredda e lasciate riposare per qualche ora.

Schiumate, mettete una presa di sale e 2-3 cucchiai di olio extravergine d'oliva.

Versate in una teglia da forno appena oliata in modo che l'impasto non superi i 2 cm di spessore.

Passate in forno ben caldo (200° circa), finché non appaia in superficie una crosticina dorata.

Servite calda o tiepida.

Come variante, potete unire all'impasto, prima di cuocere in forno, 1-2 cucchiaini di rosmarino tritato molto finemente.

DOLCE DI RISO E ALBICOCCHE

STAGIONE: autunno-inverno
PREPARAZIONE: 20 minuti
COTTURA: 40 minuti
MEDIA DIFFICOLTÀ
PER TUTTA LA FAMIGLIA

INGREDIENTI (per 3-4 porzioni)
4 mele
1 bicchiere di albicocche secche
1 bicchiere di riso semintegrale già cotto
1/2 bicchiere di mandorle tostate

PREPARAZIONE

Lavate 4 mele, sbucciatele, tagliatele a quarti; cuocetele al forno o in pochissima acqua.

Ammollate un bicchiere di albicocche secche, tagliatele a pezzetti e cuocetele con un pizzico di sale in un pentolino con un dito d'acqua.

Fate in modo che a fine cottura, dopo un quarto d'ora circa, tutto il liquido sia stato assorbito. Unite la frutta a un bicchiere di riso semintegrale cotto (*vedi* la ricetta di base a pag. 52), frullate tutto insieme.

Disponete la crema in coppette, spolverate con un pugno di mandorle tostate e tritate e lasciate riposare qualche ora prima di servire.

Questa crema è anche un'ottima soluzione per le merende. Può essere preparata in vasetti e conservata in frigo per un paio di giorni.

FAGIOLINI IN INSALATA

STAGIONE: estate
PREPARAZIONE: 15 minuti
COTTURA: 30 minuti
FACILE
PER TUTTA LA FAMIGLIA

INGREDIENTI (per 2-3 porzioni)
600 g di fagiolini
1 pizzico di sale
olio extravergine d'oliva
salsa di soia
aceto di mele

PREPARAZIONE

Lavate 2-3 bicchieri di fagiolini, privateli delle punte e sbollentateli per qualche minuto in abbondante acqua salata.

Scolateli, passateli sotto l'acqua fredda in modo che rimangano di un bel colore verde brillante e conditeli con una salsina a base di olio extravergine d'oliva, salsa di soia e qualche goccia di aceto di mele.

FILETTI DI MERLUZZO IMPANATI

STAGIONE: tutto l'anno
PREPARAZIONE: 10 minuti
COTTURA: 10 minuti
FACILE
PER TUTTA LA FAMIGLIA

INGREDIENTI (per 2-3 porzioni)
3-4 filetti di merluzzo
1 pizzico di sale
2 cucchiai di maizena
pangrattato
olio extravergine d'oliva
salvia
1 limone
salsa di soia

PREPARAZIONE

Lavate alcuni filetti di merluzzo, passateli in una pastella ottenuta mescolando acqua, un pizzico di sale e della fecola di mais (maizena) e impanate quindi con il pangrattato, pressando bene i filetti.

Oliate una padella, scaldatevi dentro alcune foglioline di salvia fresca e disponetevi il merluzzo impanato.

Fate indorare da ambo le parti e servite spruzzando di succo di limone e salsa di soia mescolati in parti uguali.

Accompagnate con un po' di verdura cotta e cruda.

INSALATA SCOTTATA

STAGIONE: tutto l'anno
PREPARAZIONE: 10 minuti
COTTURA: 2 minuti
FACILE
PER TUTTA LA FAMIGLIA

INGREDIENTI (per 2-3 porzioni)
1 cespo di lattuga
1 pizzico di sale
1 limone
olio extravergine d'oliva
salsa di soia
prezzemolo tritato

PREPARAZIONE

Lavate un bel cespo di lattuga.

Scaldate un po' d'acqua leggermente salata e, non appena bolle, immergetevi la lattuga foglia per foglia, levandole immediatamente e mettendole a sgocciolare in uno scolapasta.

Una volta scottata tutta la lattuga, lasciatela raffreddare e tagliatela a pezzetti di 2-3 centimetri.

Nel frattempo, preparate una salsina mescolando un cucchiaio di olio extravergine d'oliva, mezzo cucchiaio di succo di limone e un pizzico di sale.

Condite la lattuga, che va mangiata fredda o appena tiepida.

Questa insalata cotta è molto più digeribile, perché le fibre di cellulosa vengono ammorbidite.

La lattuga è una verdura che rilassa e favorisce il sonno, un po' come la valeriana; il suo uso è perciò consigliato la sera.

MELE AL FORNO

STAGIONE: inverno
PREPARAZIONE: 20 minuti
COTTURA: 20 minuti
MEDIA DIFFICOLTÀ
PER TUTTA LA FAMIGLIA

INGREDIENTI (per 3-4 porzioni)
4 mele renette
1/2 bicchiere di uvetta
2 cucchiai di crema di mandorle
1 pizzico di sale

PREPARAZIONE

Lavate alcune mele e privatele del torsolo.

Preparate un impasto mescolando un po' di uvetta ammollata con della crema di mandorle o di nocciole e un pizzico di sale; farcite le mele inserendo l'impasto al posto del torsolo.

Disponetele in una teglia pennellata di olio e cuocete in forno preriscaldato a 200° per 20 minuti circa.

OMELETTE DI POLENTA

STAGIONE: tutto l'anno
PREPARAZIONE: 10 minuti più 2 ore
COTTURA: 3 minuti
FACILE
PER TUTTA LA FAMIGLIA

INGREDIENTI (per 2-3 porzioni)
3 bicchieri di farina di mais
1/2 litro d'acqua
1 pizzico di sale
2-3 cucchiai d'olio di mais
olio di sesamo

PREPARAZIONE

Preparate una pastella con 3 bicchieri di farina di mais, mezzo litro di acqua, un pizzico di sale e 2 o 3 cucchiai di olio di mais, e fate riposare il tutto per un paio d'ore.

Scaldate un po' di olio di sesamo in una padella e, aiutandovi con un mestolo, versate la pastella. Fate friggere da ambo le parti e appoggiatela su alcuni fogli di carta assorbente da cucina per farla asciugare.

Servite con verdure stufate o, in versione dolce, con composta di frutta.

RISO CON PUREA DI LENTICCHIE

STAGIONE: autunno inverno
PREPARAZIONE: 20 minuti
COTTURA: 30 minuti
MEDIA DIFFICOLTÀ
PER TUTTA LA FAMIGLIA

INGREDIENTI (per 2-3 porzioni)
1/2 bicchiere di lenticchie rosse
1 pizzico di sale
2-3 cm di alga wakame
1 foglia d'alloro
olio di sesamo
1 bicchiere di riso

PREPARAZIONE

Cuocete mezzo bicchiere di lenticchie rosse con pari quantità d'acqua, un pezzetto di alga wakame e una foglia di alloro fino a che non siano ben morbide, quindi passatele per ridurle in purea.

A parte, cuocete un bicchiere di riso alla maniera preferita, o utilizzate dei resti di riso già cotto.

In una teglia appena oliata alternate uno strato di riso e uno di purea di lenticchie, e passate in forno fino a doratura.

Riservate questo piatto per le giornate fredde e piovose o in caso di anemia, dispepsia o magrezza del bambino.

RISO IN INSALATA

STAGIONE: estate
PREPARAZIONE: 10 minuti
COTTURA: 45 minuti
FACILE
PER TUTTA LA FAMIGLIA

INGREDIENTI (per 2-3 porzioni)
2 bicchieri di riso semintegrale
rapanelli
mais
1 cetriolo
1 carota
capperi
prezzemolo tritato
1 limone
olio extravergine d'oliva
1 pizzico di sale

PREPARAZIONE

Cuocete 2 bicchieri di riso semintegrale e mettetelo in un'insalatiera; condite con una salsina ottenuta mescolando bene 3 cucchiai di olio extravergine d'oliva, 2 cucchiai di succo di limone e un pizzico di sale.

Arricchite con alcuni rapanelli rossi, una carota a cubetti, mezzo cetriolo, qualche oliva nera snocciolata, un cucchiaio di capperi lavati e tritati, del prezzemolo tagliato sottile e un po' di mais dolce.

È un piatto che va servito a temperatura ambiente; è rinfrescante e particolarmente adatto alle giornate più calde.

Giocate con la fantasia, per quel che riguarda gli ingredienti, ma fate in modo di presentare un bel piatto allegro e colorato!

TOPINAMBUR AL NATURALE

STAGIONE: inverno
PREPARAZIONE: 10 minuti
COTTURA: 20 minuti
FACILE
PER TUTTA LA FAMIGLIA

INGREDIENTI (per 2-3 porzioni)
500 g di topinambur
1 pizzico di sale
olio di sesamo
salsa di soia
prezzemolo tritato

PREPARAZIONE

Lavate e spazzolate con cura i topinambur.

Tagliateli a pezzetti e rosolateli in padella con 2 cucchiai di olio di sesamo.

Mettete un pizzico di sale, o alcune gocce di salsa di soia, 1-2 cucchiai di acqua, coprite e stufate a fuoco basso per una ventina di minuti circa.

A fine cottura, i topinambur dovrebbero essere teneri e il liquido riassorbito del tutto.

Cospargete di prezzemolo tritato e servite.

Provate almeno una volta questi dolci tuberi autunnali, il cui sapore è un incrocio fra quello della patata e quello del carciofo.

ZUCCHINE AL FORNO

STAGIONE: estate
PREPARAZIONE: 15 minuti
COTTURA: 30 minuti
FACILE
PER TUTTA LA FAMIGLIA

INGREDIENTI (per 2-3 porzioni)
6 zucchine
1 spicchio d'aglio
1 pizzico di sale
pangrattato
prezzemolo tritato
olio extravergine d'oliva

PREPARAZIONE

Tagliate 5-6 zucchine a metà e poi a pezzetti di 2-3 centimetri.

A parte impastate assieme del pangrattato, uno spicchio d'aglio e del prezzemolo tritati, un filo di olio extravergine d'oliva e alcune gocce di salsa di soia.

Ungete una teglia, disponetevi le zucchine e cospargete con l'impasto.

Passate in forno già caldo e cuocete a 180° per 20-30 minuti.

È un piatto che si accompagna bene con del riso.

Come tutte le preparazioni al forno, anche questo piatto può essere preparato prima, soprattutto quando si sa che, per impegni vari, non ci sarà il tempo di cucinare.

ZUPPA DI ORZO

STAGIONE: tutto l'anno
PREPARAZIONE: 15 minuti
COTTURA: 30 minuti
FACILE
PER TUTTA LA FAMIGLIA

INGREDIENTI (per 2-3 porzioni)
1 bicchiere di fiocchi d'orzo
1 finocchio
1 cipolla
2 carote
2 cucchiai d'olio

PREPARAZIONE

Lavate un finocchio e tagliatelo prima a fettine sottili, poi a quadretti. Tagliate una cipolla a lamelle e 2 carote a rondelle.

Scaldate in una pentola 2 cucchiai di olio di sesamo e unitevi prima le cipolle, quindi le carote e per ultimo il finocchio.

Versate 4 bicchieri di acqua fredda, salate, coprite e cuocete a fuoco basso per una ventina di minuti.

Nel frattempo, tostate a secco in un'altra padella un bicchiere scarso di fiocchi d'orzo. Uniteli al resto degli ingredienti e continuate la cottura per 10 minuti.

Cospargete di prezzemolo tritato e servite.

L'orzo è un cereale poco usato, ma con grandi qualità.

Questa facile preparazione si adatta a tutte le stagioni, ben calda durante i mesi freddi, tiepida o fredda, con del basilico al posto del prezzemolo, d'estate.

Dai 3 ai 6 anni

Dopo i 3 anni il bambino sa fare moltissime cose: cammina, si arrampica, imita, parla, esprime i suoi sentimenti, pensa. Attraversata la fase del 'no', dell'opposizione al mondo, afferma il proprio essere e, piano piano, sperimenta sempre più profondamente e saldamente la propria individualità. Dal punto di vista fisico, il bambino cresce in altezza, senza grossi salti, rallentando quel ritmo così veloce che ha caratterizzato il primo periodo della sua vita.

Ora, le energie si rivolgono a modificazioni più sottili.

Il suo modo di giocare diventa diverso. Prima, tutto ciò che passava casualmente nel suo raggio d'azione andava bene, mentre adesso, verso i 4 anni, il bambino sceglie e struttura i propri giochi.

A questa età la necessità di immagini fantastiche è grande: con la fantasia e con il gioco tutto è possibile.

Dai 4 ai 6 anni il bambino che gioca trasforma la sua stanza in un mondo fantastico popolato da personaggi che anima parlando con loro, vestendoli e facendoli muovere secondo la propria fantasia.

I compagni di gioco diventano importanti. I bambini imparano nuove forme di vita in comune: insieme giocano, bisticciano, si dividono e poi fanno la pace. Attraverso i giochi collettivi, imparano a rispettarsi fra loro, a rispettare le regole e a confrontarsi più da vicino con i propri limiti e potenzialità.

Il bimbo sano, a questa età, non conosce soste. La sua attività, se lasciata libera da orari e impegni, si arresta solo per cominciare un nuovo gioco, o perché la fame o il sonno cominciano a farsi sentire.

Un altro stimolo che si affaccia prepotentemente alla sua attenzione è l'imitazione dell'attività degli adulti.

Tutti i genitori, almeno una volta, si saranno stupiti nel vedere come il bambino sia rimasto incantato dal lavoro di una ruspa che scava. La sera stessa, o il giorno dopo, molto facilmente lo avremo scoperto a giocare in camera sua con la ruspa, ripetendo esattamente i gesti e le manovre che aveva osservato con tanta attenzione per strada.

È importante, perciò, fare molta attenzione nel proporre ai propri figli esperienze e situazioni che, poi, potranno imitare senza problemi, proteggendoli da situazioni o scene troppo forti che potrebbero turbarli emotivamente.

In particolare ciò vale per la televisione, un elettrodomestico davvero pericoloso: non bisognerebbe mai lasciare i bambini da soli davanti allo schermo senza sapere ciò che viene trasmesso e, in ogni caso, limitare i danni, stando loro vicini, spiegando la realtà in termini a loro accessibili.

Ricordiamo, comunque, che ciò che vedono riempie la loro mente e toglie inevitabilmente spazio ed energia alla loro immaginazione.

I genitori hanno un ruolo molto importante come mediatori tra il mondo fantastico dei bambini e la realtà della vita quotidiana.

Spesso è necessario trovare un equilibrio tra ciò che il bambino desidera, e che spesso pretende con forza (giocare, andare dagli amici, guardare la televisione), e la realtà: gli orari di lavoro, la scuola, i pasti o l'ora delle nanne.

Qualche volta può sembrare un ruolo ingrato, ma lo sforzo che si fa in questa fase darà i propri frutti più avanti.

Verso i 6 anni, il bambino vive con un po' d'ansia il fatto che sta diventando grande.

L'ingresso alla scuola dell'obbligo, le richieste di comportamenti sempre più autonomi, le incombenze e i piccoli incarichi quotidiani da svolgere possono farlo sentire inadeguato, non all'altezza delle richieste e, per questo, meno amato. È invece felice quando riesce a realizzare un compito, o a superare una prova che gli viene affidata.

Per rafforzare la fiducia nelle proprie capacità e rassicurarlo sul piano affettivo, a volte basta poco: coinvolgete vostro figlio nella preparazione dei pasti, affidandogli gli incarichi più semplici, ma necessari (lavare la verdura, gettare gli scarti, o altro...) Preparare la tavola, se viene vissuto come un premio e non come un dovere, è una grande soddisfazione per un bambino di questa età. Preparate l'atmosfera con la semplice richiesta: «Chi apparecchia oggi?» Se il vostro bambino vorrà aiutarvi, dopo essersi lavato le mani, porgetegli un grembiule e tutto ciò che serve, presentato bene e in ordine: piatti, posate, bicchieri, tovaglioli, il pane... In un attimo, seguendo la sua fantasia e aiutandolo con qualche suggerimento, ciò che poteva sembrare noioso e banale diventa... magico.

Il bambino può aiutare anche nella preparazione delle portate: grattugiare il pane vecchio, impanare le polpette, tagliare le verdure cotte, tritare il prezzemolo con la mezzaluna o sbucciare fagioli e piselli... sono attività che lo divertiranno e lo faranno sentire 'grande'.

Il lavoro in cucina, fatto allegramente e in compagnia, rappresenta un momento prezioso per l'armonia famigliare, perché si impara a cooperare, a valorizzare il lavoro degli altri e a lavorare con gioia.

FUORI CASA: PIC-NIC, FESTE, VIAGGI, MERENDE

Quando si sceglie di seguire un'alimentazione 'naturale' o vegetariana sorge spesso il problema di come comportarsi di fronte a particolari situazioni, per esempio quando si è in viaggio e ci si trova costretti a mangiar fuori... ma non è il caso di preoccuparsi troppo, anzi, ecco l'occasione per servirci del nostro fiuto, proprio come fanno gli animali di fronte a qualcosa che avvicinano per la prima volta.

In ogni ristorante o trattoria sarà sempre possibile trovare un primo a base di cereali (pasta o riso). Si tratterà di orientarsi al meglio e scegliere, tra i sughi e i condimenti, quelli meno complicati. Evitiamo, per esempio, i 'tagliolini con panna, pomodoro, piselli e prosciutto' e chiediamo la pasta condita con semplice pomodoro o, in alternativa, con dei funghi, oppure scegliamo un risotto o una semplice minestra. Un piatto di verdura cotta e cruda potrà concludere il pasto.

Se invece dobbiamo preparare un pic-nic, o una merenda?

Non esiste pic-nic o merenda sul prato senza panini, e allora... sbizzarriamoci preparando sandwiches con cotolette di seitan e una foglia di lattuga, oppure con creme a base di tofu e fettine di verdura cruda.

Molto apprezzati, oltre che assai comodi, sono le polpette di cereali (riso o miglio), le torte salate e gli strudel di verdura.

Alcune carote crude, un po' di crauti, verdure lattofermentate o qualche spiedino vegetale daranno al tutto un tocco di colore e di originalità.

Per quel che riguarda i dolci, parte integrante di ogni merenda, ecco una bella macedonia di frutta di stagione arricchita con un po' di frutta secca e semi oleosi (noci, mandorle o nocciole), oppure dello yogurt allungato con un po' di latte di riso e una composta di frutta (more, mele o ciliegie).

Le crostate e gli strudel sono fra le torte più gettonate.

Come bevande (meglio evitare la coca-cola o le bibite gassate), si possono preparare tisane di frutti di bosco, del tè deteinato (*bancha*) con succo di mela o aromatizzato con foglioline di menta.

Durante la stagione fredda, un bel bicchiere di succo di mela caldo aromatizzato con un po' di cannella è sempre assai gradito.

Qui di seguito forniamo alcune idee di base per diverse situazioni, che potrete arricchire o modificare a seconda delle vostre esigenze.

Pane di riso

Ricuocete, con poca acqua e per 15 minuti, 2 bicchieri di riso cotto. Alla fine, unite un pizzico di sale, 2 cucchiai di olio di sesamo e 2 bicchieri di farina e lavorate il tutto per una decina di minuti circa (l'impasto dovrà essere morbido, ma non appiccicoso).
Stendete l'impasto sopra un ripiano di legno, coprite con un canovaccio umido e lasciate riposare per una notte.
Il mattino dopo lavorate ancora per qualche minuto l'impasto, finché non sia tornato elastico e trasferitelo in uno stampo da forno appena oliato. Fatelo riposare per circa un'ora, poi incidete la superficie con la punta di un coltello e cuocete in forno a temperatura media (150°) per un'ora e mezza circa.
Un quarto d'ora prima di fine cottura, spennellate la superficie con un po' di olio di sesamo (per impedire al pane di screpolarsi).

Granola

In una capace terrina mescolate con un cucchiaio di legno: 2 bicchieri di fiocchi misti (avena, orzo, riso e mais), un bicchiere di semi vari (sesamo, zucca, girasole, mandorle e nocciole), mezzo bicchiere di malto di mais e 2-3 cucchiai di olio di sesamo.
Stendete sopra una piastra e infornate a 150°. Ogni 4 minuti, estraete e rigirate l'impasto con una spatola di legno, staccandolo bene dal fondo. Ripetete l'operazione 4-5 volte, finché la granola non sarà raggrumata e di un bel colore dorato.
È una preparazione pratica, energetica e facilmente conservabile in un barattolo di vetro. La potrete servire in diverse occasioni (a colazione, come merenda, durante un pic-nic, o una camminata in montagna).

Croccante di sesamo

Lavate dei semi di sesamo e tostateli a secco in una padella.
In una casseruola a parte, liquefate del malto d'orzo con un pizzico di sale e lasciatelo sobbollire dolcemente per qualche minuto.
Unite il malto al sesamo in una terrina e amalgamate il tutto per bene. Schiacciate l'impasto in uno stampo metallico oliato, tagliate con un coltello a quadratini e fate raffreddare.

Sandwich di seitan

Preparate una salsina con un po' di crema di sesamo (tahin), del miso (regolatevi circa la quantità di quest'ultimo che è, ricordiamolo, un condimento abbastanza salato) e un po' d'acqua per stemperare il tutto.
Spalmate la salsina sulle fette di pane e imbottite con una foglia di insalata verde, una fetta di seitan saltato in padella e qualche pezzo di carota, rapanello o cavolfiore (di quelli messi in vasetto sotto sale).

Crackers

Mescolate in una terrina un bicchiere di farina di frumento, uno di fiocchi di avena, mezzo di farina di saraceno, mezzo di semi di sesamo, un pizzico di sale e uno di semi aromatici pestati come anice, coriandolo o finocchio. Sabbiate il tutto con 4-5 cucchiai di olio di mais o girasole e versate 2 bicchieri colmi di acqua fredda. Mescolate con una spatola di legno e fate riposare per circa un'ora. Nel frattempo scaldate il forno a 180°, oliate una teglia, versatevi il composto e cuocete 40 minuti.
A metà cottura circa, tagliate la pasta, con una ruota dentata, a forma di rombi o quadratini, e terminate la cottura dopo averli rigirati.

Focaccina

Impastate 4 bicchieri di farina di grano duro con acqua tiepida salata, che andrà aggiunta poca per volta in quantità tale da ottenere un impasto morbido che si possa lavorare bene a mano. Dopo averla lavorata per una decina di minuti, dividetela in due parti, stendetene una in una teglia da forno appena unta, pennellatela con un po' di olio extravergine d'oliva, coprite con 3 cipolle affettate finemente, rosmarino fresco tritato e ancora un pizzico di sale. Coprite con l'altra parte dell'impasto e cuocete in forno a 180° per 40 minuti circa.

BISCOTTI ALLO ZENZERO

STAGIONE: autunno-inverno
PREPARAZIONE: 10 minuti
COTTURA: 30 minuti
DIFFICILE
PER TUTTA LA FAMIGLIA

INGREDIENTI (per 4 porzioni)
1/2 bicchiere di uvetta
1/2 bicchiere di olio di girasole
1 cucchiaino di vaniglia
2 cucchiaini di zenzero in polvere
2 bicchieri di farina di frumento
1 bicchiere di farina di riso
sale

PREPARAZIONE

Ammollate mezzo bicchiere di uvetta con un pizzico di sale, quindi frullate il tutto.

Mescolatela poi a mezzo bicchiere di olio di girasole, un cucchiaino di vaniglia in polvere e un bicchiere d'acqua.

A parte mescolate 2 bicchieri di farina di frumento setacciata, un bicchiere di farina di riso, 2 cucchiaini di zenzero in polvere o di succo di zenzero fresco e un pizzico di sale.

Unite la parte liquida a quella secca e mescolate con un cucchiaio di legno; date a questo impasto la forma di un salame di 3 centimetri circa di diametro. Avvolgete in un foglio di alluminio e mettete in frigorifero per una notte.

L'indomani preriscaldate il forno a 180°. Tagliate il salame di pasta a 'fettine' larghe un centimetro, mettetele in una teglia calda ma non oliata e cuocete in forno per una decina di minuti.

A metà cottura, girate i biscotti dall'altra parte.

Toglieteli dal forno e fateli raffreddare sopra una graticola.

Come per tutti i biscotti, la preparazione è un po' laboriosa, ma la riuscita e la soddisfazione sono sempre garantite.

BULGUR ALLA MEDITERRANEA

STAGIONE: primavera-estate
PREPARAZIONE: 15 minuti
COTTURA: 40 minuti
MEDIA DIFFICOLTÀ
PER TUTTA LA FAMIGLIA

INGREDIENTI (per 2-3 porzioni)
2 bicchieri di bulgur
2 cipolle
2 carote
1 spicchio d'aglio
12 olive nere
olio extravergine d'oliva
prezzemolo tritato

PREPARAZIONE

Scaldate in una pentola 2 cucchiai di olio extravergine d'oliva e imbionditevi uno spicchio di aglio tritato, 2 cipolle a lamelle e 2 carote grattugiate.
Quando il tutto sarà ben rosolato, unitevi una dozzina di olive nere snocciolate e 2 bicchieri di bulgur, poi fate insaporire.
Dopo qualche minuto, versate 4 bicchieri di acqua fredda e una presa di sale.
Coprite e portate a bollore.
Non appena bolle, abbassate il fuoco e cuocete dolcemente per una buona mezz'ora.
Alla fine la consistenza dovrà essere asciutta, ma morbida.
Servite con un po' di prezzemolo tritato.

CASTAGNACCIO CON PINOLI

STAGIONE: autunno-inverno
PREPARAZIONE: 10 minuti
COTTURA: 30 minuti
MEDIA DIFFICOLTÀ
PER TUTTA LA FAMIGLIA

INGREDIENTI (per 4 porzioni)
3 bicchieri di farina di castagne
3 bicchieri di acqua
2 cucchiai di pinoli
olio extravergine d'oliva
rosmarino

PREPARAZIONE

In una terrina sciogliete a freddo 3 bicchieri di farina di castagne con acqua (o succo di mela) e un pizzico di sale.

È necessario mescolare bene con una frusta, per evitare che si formino dei grumi e tenendo presente che la pastella dovrà avere una consistenza piuttosto liquida.

Oliate una teglia e versatevi l'impasto per uno spessore di un paio di centimetri.

Cospargete di pinoli, un rametto di rosmarino e qualche goccia di olio extravergine d'oliva.

Infornate in forno già caldo e cuocete a 180° per circa 30 minuti, finché la superficie non comincerà a screpolarsi e si sarà formata una leggera crosticina.

Il castagnaccio è un dolce della tradizione italiana che in ogni regione viene proposto con varianti diverse.

FAGOTTINI DI CAROTE

STAGIONE: tutto l'anno
PREPARAZIONE: 20 minuti
COTTURA: 20 minuti
MEDIA DIFFICOLTÀ
PER TUTTA LA FAMIGLIA

INGREDIENTI (per 2-3 porzioni)
3 carote
1 mazzo di bietole
1 cucchiaio di nocciole
1 cucchiaio di pinoli
prezzemolo
olio extravergine d'oliva

PREPARAZIONE

Pulite 3 carote e cuocetele intere per un quarto d'ora in acqua leggermente salata. Verificate con uno stuzzicadenti che siano cotte, senza essere troppo morbide.

Toglietele dalla pentola e passatele sotto l'acqua fredda per fermare la cottura.

Lavate 6 grandi foglie di bietola e cuocetele per 5 minuti nella stessa acqua di cottura delle carote. Pescatele e, così come avete fatto per le carote, passatele sotto il getto dell'acqua fredda.

Avvolgete ogni carota in 2 foglie di bietola, tagliate in 4 parti e chiudete ogni involtino con uno stuzzicadenti.

Tostate a secco in una padella una decina di nocciole e un cucchiaio di pinoli, pestateli e aggiungete un cucchiaio di olio extravergine di oliva, alcune gocce di salsa di soia e un po' di prezzemolo tritato.

Con questa salsa condite i fagottini che potrete servire freddi oppure caldi, dopo averli passati in forno per un paio di minuti prima di portarli in tavola.

Questo è un simpatico modo di servire le verdure che piace molto anche ai bambini più difficili.

FILETTI DI TROTA AL FORNO CON POLENTA

STAGIONE: tutto l'anno
PREPARAZIONE: 10 minuti
COTTURA: 15 minuti
FACILE
PER TUTTA LA FAMIGLIA

INGREDIENTI (per 2-3 porzioni)
4 filetti di trota
farina
1 limone
1 cipolla
prezzemolo

PREPARAZIONE

Lavate e private delle eventuali lische alcuni filetti di trota, salateli e cospargeteli di farina. Stendete in una pirofila rettangolare un foglio di alluminio, ungetelo con un filo di olio extravergine di oliva e disponete al centro un trito di cipolla, quindi i filetti, una spolverata di prezzemolo tritato e qualche goccia di limone.

Chiudete bene l'involucro e passate in forno caldo (180°) per un quarto d'ora.

Servite con fette di polenta gratinata.

FINOCCHI CON CREMA DI SESAMO

STAGIONE: autunno-inverno
PREPARAZIONE: 20 minuti
COTTURA: 30 minuti
MEDIA DIFFICOLTÀ
PER TUTTA LA FAMIGLIA

INGREDIENTI (per 2-3 porzioni)
3 finocchi
2 cipolle
1 cucchiaio di crema di sesamo (tahin)
1 cucchiaio di salsa di soia
prezzemolo
olio di sesamo

PREPARAZIONE

Lavate bene 3 finocchi medi, tagliateli nel senso della lunghezza e poi a quadretti (i gambi verdi andranno tagliati più sottilmente).

Scaldate una pentola, mettetevi 2-3 cucchiaini di olio di sesamo e soffriggetevi un paio di cipolle affettate a lamelle finché non cominceranno a essere trasparenti.

Unite i finocchi, lasciate rinvenire assieme per qualche minuto, abbassate la fiamma, coprite e cuocete per una ventina di minuti.

In una tazza, diluite un cucchiaio scarso di crema di sesamo (tahin) con uno di salsa di soia e uno di acqua, quindi versate la salsa sopra i finocchi.

Mescolate piano e lasciate che il tahin si addensi appena.

Servite caldo, dopo aver guarnito con un po' di prezzemolo tritato.

MACEDONIA DI MELE E FIOCCHI D'AVENA

STAGIONE: autunno-inverno
PREPARAZIONE: 10 minuti
FACILE
PER TUTTA LA FAMIGLIA

INGREDIENTI (per 4 porzioni)
2 bicchieri di fiocchi d'avena
1 bicchiere di uvetta
3 mele
1 limone

PREPARAZIONE

In una terrina mescolate 2 bicchieri di fiocchi di avena, un bicchiere di uvetta ammollata, 3 mele sbucciate e tagliate a pezzetti e il succo di un limone.

Fate riposare per qualche ora, quindi servite.

Se la macedonia risultasse troppo asciutta, allungatela con del succo di mela.

MOUSSE DI MELONE

STAGIONE: estate
PREPARAZIONE: 10 minuti
COTTURA: 10 minuti
FACILE
PER TUTTA LA FAMIGLIA

INGREDIENTI (per 4 porzioni)
2 meloni piccoli e maturi
2 cucchiai di agar-agar
sale

PREPARAZIONE

Sbucciate un paio di meloni e cuoceteli, senz'acqua, con un pizzico di sale per una decina di minuti.

Aggiungete 2 cucchiai di agar-agar in fiocchi e cuocete, mescolando di continuo, finché l'alga non si sia ben sciolta.

Spegnete e lasciate raffreddare.

Passate il tutto al frullatore. L'insieme deve risultare morbido e omogeneo
Servite la crema in coppette come un gelato.

Questa ricetta è davvero speciale nelle calde giornate estive.

Al posto del melone, potete usare anche mele o pere.

Se tenete la mousse in frigo per qualche ora, diventa un ottimo sostituto del gelato.

PASTA CON SALSA DI NOCI

STAGIONE: autunno-inverno
PREPARAZIONE: 15 minuti
COTTURA: 10 minuti
FACILE
PER TUTTA LA FAMIGLIA

INGREDIENTI (per 2-3 porzioni)
1 bicchiere di gherigli di noci
1 limone
cannella
salsa di soia
200 g di pasta corta semintegrale

PREPARAZIONE

Mentre l'acqua della pasta si sta scaldando, tostate a secco in una padella un bicchiere di gherigli di noci, quindi metteteli in un piatto e insaporiteli con alcune gocce di salsa di soia.

Tritateli grossolanamente, unite la buccia grattugiata di un limone e un pizzico di cannella in polvere.

Cuocete 200 g di maccheroncini o conchiglie semintegrali, scolate e condite con la salsa di noci.

Fate riposare qualche minuto e servite.

POLPETTE DI RISO

STAGIONE: tutto l'anno
PREPARAZIONE: 25 minuti
COTTURA: 10 minuti
MEDIA DIFFICOLTÀ
PER TUTTA LA FAMIGLIA

INGREDIENTI (per 2-3 porzioni)
3/4 bicchieri di riso integrale già cotto
1 bicchiere di tonno al naturale
1 spicchio d'aglio
olio di semi di mais
prezzemolo tritato

PREPARAZIONE

Mescolate in una terrina 3-4 bicchieri di riso cotto (*vedi* la ricetta a pag. 52), un bicchiere di tonno al naturale sbriciolato con una forchetta (se ne trova a bagno in una salamoia fatta solo di sale e acqua. Il tonno sott'olio è sconsigliato perché quasi sempre l'olio impiegato è di scarsa qualità), un po' di prezzemolo tritato e, se piace, uno spicchio d'aglio.

Con le mani bagnate, fatene delle polpette rotonde che schiaccerete leggermente; saltatele, da entrambe le parti, in una padella oliata con 1-2 cucchiai di olio di mais.

Cuocete fino a che le polpette non siano ben dorate.

Se avete difficoltà a far stare assieme le polpette, asciugate l'impasto aggiungendo un po' di pangrattato, nel quale potete anche, in ogni caso, passare le polpette prima di cuocerle (in questo caso la crosticina sarà particolarmente croccante).

Potete utilizzare questa ricetta per riciclare altri avanzi di cereali cotti (orzo o miglio) o del pesce cotto (trota, nasello, merluzzo, eccetera).

Quello delle polpette è un buon trucco per far mangiare il pesce anche ai bambini che non lo gradiscono particolarmente.

DAI 3 AI 6 ANNI

RAPE ALLA ROMANA

STAGIONE: autunno-inverno
PREPARAZIONE: 10 minuti
COTTURA: 20 minuti
FACILE
PER TUTTA LA FAMIGLIA

INGREDIENTI (per 2-3 porzioni)
4 rape bianche
prezzemolo
olio extravergine d'oliva

PREPARAZIONE

Scottate per un paio di minuti in acqua bollente, appena salata, alcune rape lavate e tagliate a metà.

Levatele e fatele asciugare.

In una pentola di coccio scaldate un filo di olio extravergine d'oliva e fate rosolare le rape, prima da una parte, poi dall'altra.

Coprite e abbassate la fiamma.

Cuocete un quarto d'ora, facendole saltare ogni tanto, in una padella con il coperchio.

Servitele con una spolverata di prezzemolo tritato.

RISO E PISELLI

STAGIONE: primavera
PREPARAZIONE: 10 minuti
COTTURA: 55 minuti
FACILE
PER TUTTA LA FAMIGLIA

INGREDIENTI (per 2-3 porzioni)
2 bicchieri di riso integrale
1 cipolla
3 bicchieri di piselli freschi sgusciati
acqua
prezzemolo tritato

PREPARAZIONE

Tagliate a cubetti una grossa cipolla e saltatela per qualche minuto nella pentola a pressione con un cucchiaino di olio di sesamo.

Aggiungete 3 bicchieri di piselli freschi sgusciati e, di seguito, 2 bicchieri di riso, rosolando il tutto per qualche minuto.

Unite 4 bicchieri colmi di acqua e un pizzico di sale, chiudete la pentola e cuocete a pressione per 45 minuti a partire dal fischio della valvola.

Al posto dell'acqua, si può usare del brodo vegetale.

SEITAN ALLA MILANESE

STAGIONE: tutto l'anno
PREPARAZIONE: 10 minuti
COTTURA: 20 minuti
MEDIA DIFFICOLTÀ
PER TUTTA LA FAMIGLIA

INGREDIENTI (per 2-3 porzioni)
400 g di seitan
1 bicchiere di farina
pangrattato
olio di mais
sale

PREPARAZIONE

Mettete in un bicchiere di farina setacciata un pizzico di sale. Unitevi dell'acqua e mescolate il tutto fino a ottenere una pastella semiliquida.

Tagliate a fette il seitan e immergetelo nella pastella. Passerete successivamente le fette nel pangrattato.

A questo punto, friggete il seitan impanato in una padella in cui avrete fatto scaldare 2-3 cucchiai di olio di mais.

Fate dorare il seitan da ambo le parti e toglietelo dal fuoco quando avrà formato una crosticina. Mettete ad asciugare sopra alcuni fogli di carta assorbente

Per rendere ancora più classico questo piatto potete servire il seitan con foglie di insalata condita con un po' di olio extravergine d'oliva e qualche goccia di succo di limone.

TORTA SALATA CON TOFU E COSTE

STAGIONE: tutto l'anno
PREPARAZIONE: 25 minuti
COTTURA: 60 minuti
DIFFICILE
PER TUTTA LA FAMIGLIA

INGREDIENTI (per 2-3 porzioni)
per la pasta:
3 bicchieri di fiocchi d'avena
1 e 1/2 bicchieri di farina
2/3 di bicchiere di olio di sesamo
1 pizzico di sale

per il ripieno:
1 panetto di tofu
1 mazzo di coste
1 spicchio d'aglio
olio extravergine d'oliva

PREPARAZIONE

Preparate il fondo della torta sabbiando assieme: 3 bicchieri di fiocchi di avena, un bicchiere e mezzo di farina setacciata, un pizzico di sale e 2/3 di bicchiere di olio di sesamo.

Unite, a questo punto, alcuni cucchiai di acqua fredda, in modo da ottenere una consistenza pastosa.

Oliate uno stampo da forno e disponetevi l'impasto, premendo bene con le dita; poi lasciatelo riposare in frigo per una ventina di minuti.

Sbollentate in poca acqua salata il panetto di tofu.

Nel frattempo, imbiondite in una padella appena oliata uno spicchio di aglio tritato, quindi saltatevi assieme, per qualche minuto, alcune foglie di coste e del tofu sbriciolato che avrete precedentemente sbollentato in acqua.

Coprite l'impasto e cuocete in forno a media temperatura (150°) per 50 minuti circa.

VELLUTATA AI FUNGHI

STAGIONE: autunno-inverno
PREPARAZIONE: 10 minuti
COTTURA: 15 minuti
FACILE
PER TUTTA LA FAMIGLIA

INGREDIENTI (per 2-3 porzioni)
2 bicchieri di funghi porcini affettati
1 cipolla
1 spicchio d'aglio
1/2 bicchiere di farina
4 cucchiai di fiocchi d'avena
1 litro di brodo vegetale
olio extravergine d'oliva
pane integrale

PREPARAZIONE

In un tegame, fate scaldare dell'olio extravergine di oliva con uno spicchio d'aglio, aggiungete 2 bicchieri di funghi porcini affettati, salate e rosolate il tutto a fuoco dolce per 5 minuti (se non si trovano dei porcini freschi, si possono usare 2 bicchieri di champignon freschi e un pugno di porcini secchi ammollati).

In una casseruola a parte, soffriggete una cipolla tritata, unite mezzo bicchiere di farina e 4 cucchiai di fiocchi d'avena e lasciate leggermente brunire, mescolando adagio con un cucchiaio di legno.

Versatevi sopra un litro scarso di brodo vegetale e cuocete per una decina di minuti.

Mettete da parte 2 cucchiai di funghi cotti, unite i rimanenti al composto vellutato e frullate il tutto.

Aggiustate il gusto a piacere, finite di cuocere altri 10 minuti, aggiungete i funghi tenuti da parte e servite nei piatti con crostini di pane integrale tostato.

ZUPPA DI VERDURA CON CECI E CUSCUS

STAGIONE: tutto l'anno
PREPARAZIONE: 20 minuti
COTTURA: 55 minuti
FACILE
PER TUTTA LA FAMIGLIA

INGREDIENTI (per 2-3 porzioni)
1 tazza di cuscus
1 tazza d'acqua
1 bicchiere di ceci
3 cm di alga kombu
1 carota
1 gambo di sedano
1 cipolla
salsa di soia

PREPARAZIONE

Tostate a secco in una padella un bicchiere di cuscus, rigirandolo sempre e facendo attenzione che non bruci.

Trasferite il cereale in una terrina e coprite con un bicchiere abbondante di acqua bollente salata. Dopo una decina di minuti, pressoché tutto il liquido sarà stato assorbito.

Cuocete per circa 40 minuti in pentola a pressione un bicchiere di ceci con 3 cm di alga kombu, una carota, un gambo di sedano e mezza cipolla, il tutto a pezzetti, in 3-4 bicchieri d'acqua.

Insaporite con qualche goccia di salsa di soia. Fate in modo che la consistenza della zuppa sia morbida, ma non eccessivamente liquida.

Sgranate il cuscus con una forchetta in modo che si presenti soffice.

Servite nei piatti un mestolo di cuscus e aggiungete la zuppa a piacere.

Per gli adulti che amano i sapori piccanti si può aggiungere un po' di curry, oppure del peperoncino, e il piatto assumerà un gusto esotico.

Dai 6 ai 9 anni

È l'età in cui si comincia a considerare il bambino come un 'grande', anche se, invece, è ancora presto. Frequenta la scuola elementare, comincia ad avere rapporti con persone adulte esterne al mondo di casa e si appresta a inserirsi a pieno titolo nella società.

A livello fisico, verso i 6-7 anni, cominciano a cadere i denti da latte che vengono sostituiti da quelli permanenti. Si registra una forte crescita in altezza che, solitamente, comporta anche un notevole cambiamento nella fisionomia generale del bambino: da 'piccolo cucciolo', si avvia a diventare un bimbo maturo. Nascono in questo periodo i gusti particolari, preferenze, piccole abitudini e manie.

Anche il volto muta nella forma: cresce la mascella inferiore, bocca e occhi sembrano più piccoli.

L'espressione acquista caratteristiche più marcate e personali, individualizzate. L'autonomia che ha raggiunto, talora così faticosamente, gli permette di impuntarsi e far valere le proprie posizioni e i propri desideri e, in parte, di realizzarli da solo.

Il suo modo di pensare e di parlare si sviluppa e si affina, soprattutto se, in questa fase, viene supportato e aiutato dalla scuola e da un ambiente stimolante.

È facile che il bambino viva con sensazioni di paura i forti cambiamenti fisici che lo investono: paura di diventare grande e di perdere quei privilegi tipici dell'infanzia, di trovarsi da solo a dover affrontare le scelte e le prove che la vita gli procurerà. C'è in lui questa forte ambivalenza tra la volontà di far da solo, sperimentando le proprie forze e capacità, e il desiderio di affidarsi ancora all'abbraccio rassicurante dei genitori o degli adulti.

I compagni di scuola e di gioco acquistano crescente rilievo e importanza, il gruppo dei pari diventa sempre più il riferimento nel momento delle scelte. Che cosa possono fare i genitori per aiutare i loro piccoli a diventare maggiormente autonomi?

È fondamentale rendersi conto dei cambiamenti che si verificano, osservando il bambino, dedicandogli del tempo, standogli vicino. In questo momento, i nostri bambini hanno ancora bisogno di noi, ma la nostra presenza dev'essere molto discreta. Dobbiamo imparare a tirarci indietro, a guardarli con occhio fiducioso quando sbagliano, ma anche a farci trovare sempre pronti ad accoglierli, a consolarli e a consigliarli quando sono loro a chiedercelo.

IN CAMPO ALIMENTARE

Possiamo dire che qui oramai il più è fatto, o per lo meno le basi sono state gettate.

Il bambino ha assimilato gusti, odori, aromi e sapori della cucina di casa. Ma con l'inizio della scuola si troverà, inevitabilmente, sempre più spesso a contatto con altre cucine: la mensa scolastica, il pranzo o la cena a casa di compagni, il ristorante. È bene avere sempre presente che gli odori di casa saranno il riferimento più rassicurante.

È curioso e ama le novità e tutto ciò che è diverso, e, se davanti ai piatti che abbiamo preparato per lui, nostro figlio, con nostro disappunto, ci fa notare che quello che gli viene offerto dalle mamme degli amici è più buono, non dobbiamo scoraggiarci: è importante mantenere saldo lo 'stile' di vita famigliare, e questo vale anche per le abitudini alimentari.

Non va inoltre dimenticato che il bambino sta crescendo e ha bisogno di alimenti (ed elementi) sani e appropriati. Il fatto che sia più grande e più indipendente non giustifica, da parte nostra, un atteggiamento meno attento: anzi, le sue nuove esigenze e 'la concorrenza' dei cibi industriali ci obbligano a usare sempre più fantasia e creatività in cucina.

È fuor di dubbio che la pizza, le merendine, i gelati o i biscotti confezionati che si trovano sul mercato possano diventare per il bambino un'attrattiva irresistibile, soprattutto se pensiamo alla massificazione dei cibi, alla continua pubblicità e allo spirito di emulazione.

Non possiamo continuare a vietare: anche in campo alimentare cominciano le prime mediazioni!

Per chi sceglie una cucina di qualità, però, questo è il momento di rimboccarsi le maniche, di accettare la sfida. Per vincerla, naturalmente!

CAVOLFIORE IN SALSA

STAGIONE: autunno-inverno
PREPARAZIONE: 10 minuti
COTTURA: 10 minuti
FACILE
PER TUTTA LA FAMIGLIA

INGREDIENTI (per 2-3 porzioni)
1 cavolfiore
3 cucchiaini di crema di sesamo (tahin)
3 cucchiai di salsa di soia

PREPARAZIONE

Lavate un piccolo cavolfiore e cuocetelo a vapore finché punzecchiandolo con uno stuzzicadenti non lo sentirete tenero (se non avete la pentola specifica per questa cottura, potete usare uno scolapasta metallico che metterete sopra una pentola in cui bollirà l'acqua salata).

Separate i fiori, disponeteli sopra il piatto di portata e condite con una salsa che avrete ottenuto diluendo 2-3 cucchiaini di crema di sesamo in mezzo bicchiere d'acqua e alcune gocce di salsa di soia.

Spolverate di prezzemolo tritato e servite.

CREMA DI PISELLI

STAGIONE: autunno-inverno
PREPARAZIONE: 10 minuti
COTTURA: 10 minuti
FACILE
PER TUTTA LA FAMIGLIA

INGREDIENTI (per 2-3 porzioni)
2 bicchieri di piselli secchi
3 cm di alga kombu
2 cipolle
3 foglie di lattuga
santoreggia
prezzemolo
3 cucchiai di salsa di soia

PREPARAZIONE

Ammollate brevemente due bicchieri di piselli secchi; cuoceteli a pressione con un pezzetto di alga kombu per 45 minuti circa.

A parte, appassite in una padella un paio di cipolle fresche, quindi passatele, assieme ai piselli cotti, in un passaverdure.

Versate nuovamente tutto nella pentola, aggiungete alcune foglie di lattuga tagliate a striscioline e portate a bollore.

Togliete dal fuoco, aromatizzate, se vi piace, con un pizzico di santoreggia, condite con salsa di soia e qualche goccia di olio extravergine di oliva; servite nei singoli piatti spolverando di prezzemolo tritato.

DAI 6 AI 9 ANNI

DOLCE DI MIGLIO

STAGIONE: inverno
PREPARAZIONE: 10 minuti
COTTURA: 10 minuti
FACILE
PER TUTTA LA FAMIGLIA

INGREDIENTI (per 2-3 porzioni)
3 bicchieri di miglio
6 bicchieri d'acqua
5 cucchiai di uvetta
1 kg di mele
4 cucchiai di malto di riso
cannella
limone

PREPARAZIONE

Lavate 3 bicchieri di miglio e cuocetelo con 6 bicchieri d'acqua, un pizzico di sale, 4-5 cucchiai di uvetta e la buccia grattugiata di un limone.

Nel frattempo, sbucciate un chilo di mele, privatele del torsolo e tagliatele a fettine.

Alle mele mescolate 4 cucchiai di malto di riso e 2-3 cucchiaini di cannella in polvere.

Oliate una teglia e versate metà del miglio cotto, quindi coprite con le mele e, successivamente, finite con il miglio rimanente.

Infornate a 200° e cuocete per 40 minuti circa.

È un dolce sostanzioso, particolarmente adatto nel periodo invernale.

INSALATA CAPRICCIOSA

STAGIONE: estate
PREPARAZIONE: 10 minuti
FACILE
PER TUTTA LA FAMIGLIA

INGREDIENTI (per 2-3 porzioni)
1 cespo di lattuga
1 mela
1 carota
1/2 bicchiere di olive nere
1/2 bicchiere di olive verdi
aceto di mele
3 cucchiai di olio extravergine d'oliva
semi di sesamo

PREPARAZIONE

Lavate un cespo di lattuga, strizzatela con un canovaccio e mettetela nel piatto di portata.

Sbucciate una mela e tagliatela a cubetti.

Mettete in una terrina la lattuga, mezzo bicchiere di olive verdi e mezzo di olive nere snocciolate, oltre a una carota grattugiata.

Preparate una salsa mescolando in una tazza un cucchiaio di acqua, un cucchiaino di olio extravergine di oliva e uno di aceto di mele.

Condite l'insalata, spolverate di semi di sesamo tostati e portate in tavola.

INVOLTINI DI VERZA

STAGIONE: autunno-inverno
PREPARAZIONE: 15 minuti
COTTURA: 25 minuti
LABORIOSO
PER TUTTA LA FAMIGLIA

INGREDIENTI (per 2-3 porzioni)
1 verza
1 cipolla
1/2 bicchiere di funghi secchi
2 bicchieri di riso cotto
timo e prezzemolo
olio extravergine d'oliva

PREPARAZIONE

Sfogliate e lavate una verza, quindi scottatene le foglie una per una, per alcuni minuti, in acqua bollente.

Appassite in una padella appena oliata una cipolla tagliata a lamelle; quando sarà dorata, toglietene 2 cucchiai e metteteli da parte, quindi aggiungete nella padella un pugno di funghi secchi ammollati e tagliati a pezzetti.

A questo punto unite 1-2 bicchieri di riso cotto e mescolate dolcemente per 5 minuti.

Aromatizzate con un po' di prezzemolo tritato e un rametto di timo fresco.

Impastate e mettete un po' di ripieno in ogni foglia di verza che chiuderete con uno stuzzicadenti. Mettete gli involtini in una teglia da forno oliata, insaporite con qualche goccia di salsa di soia, contornate con il resto delle cipolle tritate, aggiungete un dito d'acqua e rosolate a 180° per una ventina di minuti.

MACEDONIA DI FRUTTA

STAGIONE: estate
PREPARAZIONE: 15 minuti
FACILE
PER TUTTA LA FAMIGLIA

INGREDIENTI (per 2-3 porzioni)
1 mela
1 pera
1 pesca
2 cucchiai di noci o nocciole
limone
2 cucchiai di malto di mais

PREPARAZIONE

Lavate e pulite una mela, una pera e una pesca, quindi tagliatele a spicchi.

Condite in una terrina con 1-2 cucchiai di noci o nocciole tostate e tritate, un po' di succo di limone, un pizzico di sale e 6 cucchiai di acqua calda in cui avrete sciolto 2 cucchiai di malto di mais.

Lasciate insaporire il tutto prima di servire.

MARMELLATA DI CIPOLLE

STAGIONE: autunno-inverno
PREPARAZIONE: 10 minuti
COTTURA: 1 ora e 1/2
FACILE
PER TUTTA LA FAMIGLIA

INGREDIENTI (per 2-3 porzioni)
3 cipolle grosse
3 cucchiaini di miso
3 cucchiai di olio di semi di sesamo

PREPARAZIONE

Sfogliate alcune cipolle e tagliatele a lamelle sottili.

Mettetele in una casseruola in cui avrete scaldato 2-3 cucchiai di olio di sesamo e saltatele, dopo averle spruzzate di sale fino.

Coprite, abbassate la fiamma e stufate, con la piastra spargifiamma inserita, per una ventina di minuti. A questo punto, aprite e mettete 2-3 cucchiaini di miso che si scioglierà con il sugo delle cipolle, e continuate la cottura ancora per un'ora.

Mescolate di tanto in tanto.

Alla fine, le cipolle saranno completamente sfatte e il loro sapore sarà dolcissimo.

Si potrà usare questa crema concentrata per arricchire il gusto di un semplice brodo di verdure, per condire pasta o cereali, ma è anche ottima da spalmare sul pane.

È una marmellata molto energetica, particolarmente adatta per i periodi freddi; è indicata anche come aiuto per i bambini affaticati dagli impegni scolastici.

Si conserva in frigo, in un vasetto di vetro, per alcuni giorni.

MINESTRA DI FARRO

STAGIONE: autunno-inverno
PREPARAZIONE: 20 minuti
COTTURA: 35 minuti
MEDIA DIFFICOLTÀ
PER TUTTA LA FAMIGLIA

INGREDIENTI (per 2-3 porzioni)
1 carota
1 cipolla
1 gambo di sedano
1 bicchiere di farro decorticato
3 cm di alga kombu
2 cucchiaini di miso d'orzo
prezzemolo tritato
olio extravergine d'oliva

PREPARAZIONE

Saltate in una pentola, dove avrete versato un cucchiaio di olio extravergine d'oliva, una cipolla tagliata a lamelle, una carota a cubetti e un gambo di sedano a rondelle.

Allungate con un litro d'acqua e versate un bicchiere di farro decorticato.

Portate a bollore, quindi abbassate la fiamma; cuocete per una quarantina di minuti a fuoco dolce.

Prima di spegnere, condite con due cucchiaini di miso d'orzo, sciolto in un po' di liquido, e servite con una spolverata di prezzemolo tritato.

DAI 6 AI 9 ANNI

MINESTRONE DI FIOCCHI

STAGIONE: autunno-inverno
PREPARAZIONE: 20 minuti
COTTURA: 40 minuti
MEDIA DIFFICOLTÀ
PER TUTTA LA FAMIGLIA

INGREDIENTI (per 2-3 porzioni)
1 bicchiere di fiocchi (orzo o avena o riso)
3 carote
2 cipolle
1/2 bicchiere di lenticchie
3 foglie di verza
3 cm di alga kombu
2 cucchiai di miso d'orzo

PREPARAZIONE

Tagliate due cipolle a fettine e appassitele in una pentola con pochissima acqua.

Aggiungete mezzo bicchiere di lenticchie, 3 carote a rondelle, alcune foglie di verza tagliata a striscioline e un pezzetto di alga kombu; lasciate insaporire per 5 minuti a fuoco lento. Riempite la pentola di acqua e cuocete per circa mezz'ora.

Unite un bicchiere di fiocchi (di avena, di orzo o di riso) e proseguite la cottura per altri 20 minuti, sempre a fuoco dolce.

5 minuti prima di servire, sciogliete nella zuppa un po' di miso.

NASELLO CON LE OLIVE

STAGIONE: tutto l'anno
PREPARAZIONE: 10 minuti
COTTURA: 20 minuti
FACILE
PER TUTTA LA FAMIGLIA

INGREDIENTI (per 2-3 porzioni)
1 nasello grosso o 2 più piccoli
pangrattato
aglio
rosmarino
2 bicchieri di olive nere
limone e foglie di lattuga per la presentazione

PREPARAZIONE

Pulite il pesce, levate le squame, asciugatelo, cospargetelo con un po' di sale, quindi passatelo nel pangrattato.

Scaldate un filo d'olio di sesamo in una padella e fate rosolare il nasello, prima da una parte, poi dall'altra.

Abbassate la fiamma, aggiungete un paio di spicchi di aglio tritato, un rametto di rosmarino, un cucchiaio di aceto di mele, coprite e cuocete per una decina di minuti.

Se il pesce tendesse ad asciugarsi, bagnatelo ogni tanto.

Snocciolate 2 bicchieri di olive nere e aggiungetele un paio di minuti prima della fine della cottura.

Portate in tavola il pesce sopra alcune foglie di lattuga, cospargetelo di sugo, contornate con le olive e guarnite con alcune fettine di limone.

PASTA AI PORRI

STAGIONE: estate-autunno
PREPARAZIONE: 10 minuti
COTTURA: 20 minuti
FACILE
PER TUTTA LA FAMIGLIA

INGREDIENTI (per 2-3 porzioni)
2 porri
1 pomodoro grosso e maturo
olio extravergine d'oliva
salsa di soia
200 g di pasta corta

PREPARAZIONE

Sfogliate i porri, lavateli e tagliateli a lamelle di un centimetro circa.

Saltateli in una padella oliata per una decina di minuti.

Aggiungete un pomodoro ben maturo, che avrete fatto spurgare con un po' di sale fino, e cuocete con un coperchio per una ventina di minuti.

A parte cuocete la pasta (fusilli o maccheroni), scolatela e condite con il sugo che avrete insaporito con alcune gocce di salsa di soia.

PASTA ALLE ERBE AROMATICHE

STAGIONE: estate
PREPARAZIONE: 10 minuti
COTTURA: 20 minuti
FACILE
PER TUTTA LA FAMIGLIA

INGREDIENTI (per 2-3 porzioni)
prezzemolo
basilico
origano
maggiorana
aglio
pinoli
nocciole
pangrattato
olio extravergine d'oliva

PREPARAZIONE

Mettete a cuocere in abbondante acqua salata della pasta corta (conchiglie, maccheroni o farfalle).

A parte preparate un trito di prezzemolo, basilico, origano, maggiorana, aglio, un po' di pinoli e di nocciole e olio extravergine d'oliva.

Scolate la pasta e conditela a crudo con le erbette.

Tostate a secco in padella 3 cucchiai di pangrattato; servite la pasta con una spolverata di questo preparato.

SEDANO RAPA GRATINATO

STAGIONE autunno-inverno
PREPARAZIONE: 10 minuti
COTTURA: 20 minuti
FACILE
PER TUTTA LA FAMIGLIA

INGREDIENTI (per 2-3 porzioni)
1 sedano rapa
3 cucchiai di olio di semi di sesamo

PREPARAZIONE

Bollite per una decina di minuti in poca acqua salata un sedano rapa, toglietelo subito dopo e passatelo sotto l'acqua fredda.

Ungete con dell'olio di semi di sesamo un piatto di pyrex, sistematevi il sedano tagliato a pezzi grossi, versate ancora un filo di olio, cospargete di pangrattato e cuocete in forno per una decina di minuti a 200°.

TORTA DI ZUCCA

STAGIONE: autunno-inverno
PREPARAZIONE: 10 minuti
COTTURA: 50 minuti
LABORIOSO
PER TUTTA LA FAMIGLIA

INGREDIENTI (per 2-3 porzioni)
1 zucca media
2 cucchiai di olio di girasole
buccia d'arancio o limone
1 bicchiere di farina
1/2 bicchiere di nocciole tostate
cannella in polvere
vaniglia

PREPARAZIONE

Sbucciate una zucca, tagliatela a pezzetti e cuocetela a pressione con un pizzico di sale e mezzo bicchiere d'acqua per una ventina di minuti. Intanto preparate la pasta mescolando un bicchiere di farina di frumento, un pizzico di sale, 1-2 cucchiai di olio di girasole, un pizzico di buccia grattugiata di arancio o limone e uno di cannella in polvere.

In questo miscuglio versate, un po' per volta, tanta acqua quanto basti per ottenere un impasto morbido ma non appiccicoso. Dividetelo in due e stendetene in una tortiera oleata una sfoglia che punzecchierete con i denti di una forchetta.
Passate la zucca cotta al passaverdura; a questa crema unite un cucchiaino di vaniglia in polvere e le nocciole tostate e triturate. Coprite, con questo insieme, la sfoglia nella tortiera e chiudete con la seconda parte dell'impasto, anch'essa, ovviamente, tirata a sfoglia.

Sigillate i bordi, fate alcuni buchi sulla crosta; pennellate con un pennello appena intinto in olio di girasole. Cuocete in forno a media temperatura (180°) per 40 minuti circa, finché la pasta non abbia un bel colore dorato e l'aspetto croccante.

ZUPPA CAMPAGNOLA

STAGIONE: tutto l'anno
PREPARAZIONE: 20 minuti
COTTURA: 40 minuti
MEDIA DIFFICOLTÀ
PER TUTTA LA FAMIGLIA

INGREDIENTI (per 2-3 porzioni)

1 cipolla
1 rapa
3 carote
1 mazzo di cime di rapa
pane integrale
prezzemolo tritato
sale

PREPARAZIONE

Tagliate una cipolla a lamelle, una rapa a cubetti, un paio di carote a rondelle e 1-2 pugni di cime di rapa a pezzetti.

Rosolate il tutto in una pentola appena oliata partendo dalle cipolle e, a seguire, la rapa, le carote e, per ultime, le cime di rapa, e salate.

Quando il tutto si sarà insaporito per bene, aggiungete 7-8 bicchieri di acqua calda, salate, portate a bollore e cuocete, coperto, per 30-40 minuti.

Preparate una ciotola per ogni commensale. Tostate a secco alcune fette di pane integrale e mettetene una sul fondo di ogni ciotola.

Versatevi sopra un mestolo di zuppa e cospargete con un pizzico di prezzemolo tritato.

ZUPPA DI CECI

STAGIONE: autunno-inverno
PREPARAZIONE: 20 minuti
COTTURA: 2 ore circa
MEDIA DIFFICOLTÀ
PER TUTTA LA FAMIGLIA

INGREDIENTI (per 2-3 porzioni)

1 bicchiere di ceci
300 g di zucca
1 bicchiere di fiocchi d'avena
3 cm di alga kombu
1 spicchio d'aglio
salsa di soia
timo
olio extravergine d'oliva

PREPARAZIONE

Mettete a bagno per una notte un bicchiere di ceci. L'indomani, cuoceteli a pressione per un'ora circa, con un pezzetto di alga kombu.

Tagliate a cubetti una fetta di zucca, saltatela in una padella oliata, salate, aggiungete un dito d'acqua e cuocetela coperta, per una decina di minuti.

Passatela al passaverdure assieme ai ceci in modo da ottenere una purea; aggiungete l'acqua di cottura dei legumi, un rametto di timo, un pugno di fiocchi d'avena e uno spicchio d'aglio tritato.

Cuocete ancora 30 minuti, mescolando spesso. Insaporite con alcune gocce di salsa di soia e servite.

Dopo i
9
anni

Il passaggio fra il quarto e il quinto anno di scuola, che coincide più o meno con il nono anno di età del bambino, è generalmente considerato dagli insegnanti come un momento critico, e anche in famiglia è possibile notare che, nei nostri bambini, qualcosa sta cambiando.

Improvvisamente, il bambino, che fino a poco prima si affidava a noi e all'insegnante con atteggiamento di fiducia incondizionata, comincia a ribellarsi all'autorità. Diventa lunatico, meno ubbidiente, ha la tendenza a criticare ogni cosa e, a un'attenta osservazione, si può notare che è sempre più capace di vivere momenti di profonda angoscia e soffre di paure che prima non conosceva.

Il bambino sta sperimentando la propria solitudine, diventa più critico e si pone in contrapposizione nei confronti del suo ambiente. Le dualità 'Io-mondo', 'interiorità-esteriorità', diventano realtà di vita e provocano atteggiamenti di volubilità e instabilità con ampie oscillazioni tra reazioni di piacere e di dispiacere.

Il dualismo è diventato il motivo conduttore della sua vita.

Da una parte, per il bambino tutto è 'noioso', o 'squallido', dall'altra si sente attratto verso nuove esperienze.

Si sta avvicinando il periodo dell'adolescenza, con tutti i cambiamenti psicofisici che questa comporta.

Una gran parte delle forze viene convogliata nel processo di crescita corporea e nella maturazione sessuale.

La ragazza, verso gli 11-12 anni, comincia con l'allungarsi in altezza, si stanca facilmente, sente diminuire la propria efficienza fisica. Dorme molto; spesso compare una lieve anemia e si accentua l'inclinazione all'instabilità e alla depressione. Di solito, questa situazione non si protrae per più di un anno, fino a quando, cioè, non compaiono le mestruazioni, dopodiché si ristabilisce un nuovo equilibrio.

Il ragazzo, invece, in questa fase è pieno di vitalità e deve liberarsi dell'eccesso di forza e di energia che premono dentro di lui e che, se non adeguatamente indirizzate, possono portare a 'divertimenti sfrenati', a situazioni sociali che l'adolescente cerca, ma non sa poi padroneggiare. È il momento in cui è più forte l'esigenza di 'fare gruppo', la ricerca di un rifugio dove sentirsi uguale agli altri e dove scaricare questa vitalità.

Queste forze, seguite con discrezione, possono produrre grandi cose: la passione per gli studi, l'impegno sociale nel volontariato, la scoperta di particolari doti o inclinazioni artistiche come la musica, l'arte, la fotografia, l'interesse per lo sport...

Come genitori, si può fare molto per aiutare i ragazzi a trovare quelle capacità che sono le loro specifiche caratteristiche, quelle qualità su cui fonderanno le loro personalità di futuri adulti e che li indirizzeranno in campo professionale e nelle importanti scelte di vita.

Ancora una volta l'alimentazione gioca un ruolo fondamentale in questa fase particolarmente delicata.

È importante saper 'vedere' i cambiamenti del bambino che si avvia a diventare ragazzino, e quindi rispondere in maniera adeguata, arricchendo i pasti di tutto ciò che la nuova crescita richiede.

Sali minerali, vitamine, enzimi e oligoelementi, opportunamente inseriti in pasti equilibrati dal punto di vista calorico, aiutano il ragazzo a superare questa fase di forte sviluppo.

Un'alimentazione che non affatichi troppo il fegato permetterà di passare l'adolescenza senza dover continuamente combattere contro la comparsa dei brufoli (acne giovanile), o sottoporsi a stressanti diete dimagranti o ingrassanti.

Quando il fisico sta bene è più facile affrontare gli altri problemi.

Con tatto e discrezione, si proporranno pasti equilibrati e sufficientemente 'puliti' così da compensare gli inevitabili 'sgarri' che il ragazzo farà fuori di casa. Evitare grassi di qualità scadente, l'eccesso di zuccheri raffinati, di bevande fredde e gassate può essere un passo, per quanto sembri magari di primo acchito piccolo e trascurabile, per affrontare con maggiore tranquillità il futuro.

Giocando con diplomazia, sforzandosi di non ricorrere a imposizioni autoritarie, che a questa età causano solo fratture, ma spiegando invece, anche a livello scientifico, se occorre, quello che il cibo provoca nel corpo umano, ecco che si potrà avvicinare più facilmente il ragazzo, ma anche i suoi amici, all'alimentazione come scienza, oltre che arte del vivere bene.

A questo proposito, l'aiuto di libri o conferenze può essere utile sia a noi sia a loro.

Continuate dunque a coinvolgere i ragazzi nelle preparazioni dei piatti ogni volta che vi è possibile: oltre al piacere del gusto, potranno davvero diventare i vostri complici, i vostri più validi alleati.

CUCINA DI CASA E FAST FOOD

Crescendo, i ragazzi si circondano di compagni e amici (il resto del mondo, in pratica) e, inevitabilmente, cominciano a confrontare la 'vita' di casa con quella al di fuori delle mura domestiche. Così, spesso, diventano più critici nei confronti delle consolidate abitudini famigliari e delle nuove regole scolastiche da osservare: gli orari, il linguaggio, il modo di vestirsi, di relazionarsi e quello non meno importante di mangiare. Tutto ciò che all'interno della famiglia sembrava oramai scontato viene ora smontato e analizzato nei minimi particolari, per essere confrontato con ciò che viene proposto dall'esterno.

La spinta a criticare tutto ciò che viene offerto in casa per ricercare a ogni costo le 'novità', in questa fascia di età, è assai forte, e rientra quasi sempre nel ciclo naturale delle cose.

Il graduale abbandono del 'nido' per sperimentare l'eccitazione del volo libero fa parte del processo di crescita, e il compito dei genitori è proprio quello di accompagnare e assecondare i bambini in questo processo.

Ma lasciare il nido non è così facile come può sembrare a prima vista. Quante 'battaglie coniugali' sono state scatenate dal nostalgico ricordo della cucina della mamma!

Ognuno di noi, in misura diversa, pur ricercando il nuovo, è profondamente legato alle cose note, a quelle che già ha sperimentato.

Non spaventiamoci, dunque, anche se siamo grandi cuoche, perché gli aromi della nostra cucina, i colori e i profumi dei nostri piatti rimarranno stampati indelebilmente nella memoria più primitiva, legata al gusto e all'olfatto, dei nostri ragazzi.

Arrivati a questa età, oltre a proteine e vitamine, essi hanno assimilato anche le motivazioni che hanno spinto la famiglia a fare determinate scelte alimentari, per cui... oramai il gioco è fatto.

Ora starà a loro scegliere come comportarsi o che cosa mangiare o rifiutare. Compito dei genitori sarà quello di tenere sempre presenti i criteri che spingono a sostenere certe scelte e osservare le conseguenze sulla salute, sullo stile di vita, sull'economia mondiale.

Imporsi in maniera autoritaria non serve; lo scontro generazionale può essere già forte per altri motivi. È fondamentale, nelle pareti di casa, mantenere un atteggiamento coerente: se siete vegetariani convinti non preoccupatevi (e non scandalizzatevi!) se il vostro ragazzo vuole assaggiare un panino al prosciutto. Arrivati all'adolescenza, per i ragazzi è importantissimo riuscire a trovare una propria strada che li faccia sentire autonomi e autosufficienti rispetto alla famiglia, e questo può passare pure attraverso scelte alimentari diverse.

Anche in questo caso la strada migliore è essere aperti, capaci di prendere in considerazione e rispettare i punti di vista dei ragazzi, attraverso il dialogo e la comprensione.

Se serve, non esitate a raccogliere assieme a loro documentazione, leggere articoli o notizie, a frequentare corsi di cucina. Si tratta di dedicare loro del tempo, prezioso perché permetterà di rafforzare il legame di reciproca fiducia indispensabile per la crescita. È controproducente criticare continuamente il cibo che i nostri figli mangiano fuori casa, quando escono con i compagni. Provate, invece, a offrire loro consigli per scegliere tra molte proposte: le vostre indicazioni potrebbero rivelarsi preziose e sbrogliare situazioni difficili.

Inutili le crociate contro i *fast-food*: prima o poi i nostri ragazzi vi entreranno per seguire i compagni, e trincerarsi rigidamente dietro un divieto produrrebbe solo l'effetto di qualche... bugia in più.

Per bilanciare, meglio fare, invece, più attenzione ai pasti consumati a casa, contando sul fatto che passerà anche la 'cotta' per gli hamburger!

Può essere utile parlare con loro dell'importanza di consumare cibi semplici, poco elaborati, con condimenti leggeri e di privilegiare i prodotti freschi rispetto a quelli conservati.

E al ristorante? I primi piatti italiani, per fortuna, costituiscono, da soli, un pasto sufficiente ed equilibrato: un risotto, o una pastasciutta, sono reperibili in ogni menù e possono essere richiesti anche con condimenti leggeri. I contorni di verdura fresca, a parte la qualità di base della verdura, sono un'ottima scelta. Così si convinceranno che in mensa, o anche al ristorante, si può trovare il modo per mangiare in modo accurato.

Quando si è invitati a casa di amici è opportuno far conoscere le nostre abitudini alimentari per evitare di mettere in imbarazzo chi ci ospita: potrà essere l'occasione di un confronto tra diversi tipi di alimentazione e l'opportunità per suggerire ricette alternative.

CASTAGNE CON CREMA DI RISO

STAGIONE: autunno-inverno
PREPARAZIONE: 25 minuti
COTTURA: 1 ora
MEDIA DIFFICOLTÀ
PER TUTTA LA FAMIGLIA

INGREDIENTI (per 2-3 porzioni)
2 bicchieri di castagne secche
200 g di malto
1/2 litro di latte di soia
2 bicchieri di fiocchi di riso
cannella
sale

PREPARAZIONE

Mettete a bagno per una notte 2 bicchieri di castagne secche.

Il giorno dopo, cuocetele a pressione in acqua abbondante, per 45 minuti circa, con un pizzico di sale. Scolatele e aggiungetevi un paio di cucchiai di malto di riso o di mais e mescolate per bene.

A parte preparate una crema scaldando mezzo litro di latte di soia e cuocendovi, a fuoco lento per 15-20 minuti, 2 bicchieri di fiocchi di riso.

A fine cottura, dolcificate il riso con un paio di cucchiai di malto e aromatizzate con della cannella in polvere.

Servite le castagne calde e coprite con un cucchiaio di crema di riso.

COTOLETTE VERDI

STAGIONE: tutto l'anno
PREPARAZIONE: 15 minuti
COTTURA: 15 minuti
FACILE
PER TUTTA LA FAMIGLIA

INGREDIENTI (per 2-3 porzioni)
1 mazzo di coste
1 spicchio d'aglio
1/2 bicchiere di fiocchi d'avena
1 cipolla
2 carote
sale
pangrattato

PREPARAZIONE

Scottate in acqua bollente delle verdure a foglia come coste, spinaci o barba di frate.

A parte, rosolate in padella uno spicchio d'aglio tritato, una cipolla a lamelle e un paio di carote grattugiate.

A queste verdure unite le foglie verdi scottate, strizzate e tagliate finemente.

Fate insaporire assieme, prima di unire un pugno di fiocchi d'avena che non vanno cotti eccessivamente, e che hanno lo scopo di legare il tutto.

Fate raffreddare.

Impastate il composto e date la forma di una cotoletta che passerete nel pangrattato; quindi, indorate in padella con pochissimo olio o cuocete in forno.

È una ricetta ottima anche fredda e, quindi, ideale per un pic-nic.

DESSERT DI SALSA DI MELE

STAGIONE: autunno-inverno
PREPARAZIONE: 15 minuti
COTTURA: 15 minuti
FACILE
PER TUTTA LA FAMIGLIA

INGREDIENTI (per 3 porzioni)
3 mele
1/2 bicchiere di mandorle
cannella
sale

PREPARAZIONE

Lavate 2 o 3 mele, privatele del torsolo, sbucciatele e tagliatele a pezzetti. Mettetele in un pentolino con due dita d'acqua e un pizzico di sale prima di portare a bollore.

Abbassate la fiamma, aromatizzate con un pizzico di cannella in polvere e cuocete scoperto per un quarto d'ora, in modo che il liquido venga parzialmente riassorbito.

Versate in un tritatutto, o pestate in un mortaio, prima di servire in coppette singole spolverate di mandorle o nocciole tritate.

GNOCCHI DI SEMOLINO

STAGIONE: tutto l'anno
PREPARAZIONE: 20 minuti
COTTURA: 50 minuti
LABORIOSO
PER TUTTA LA FAMIGLIA

INGREDIENTI (per 2-3 porzioni)
3 bicchieri di semolino
1/2 litro d'acqua
1/2 litro di latte di soia
sale
noce moscata
salvia

PREPARAZIONE

Mescolate a freddo mezzo litro d'acqua, mezzo litro di latte di soia e 4-5 cucchiai di olio di mais, quindi aggiungete a pioggia, aiutandovi con una frusta, 2-3 bicchieri di semolino di grano duro. Amalgamate bene, per evitare il formarsi di grumi.

Mettete sul fuoco a fiamma viva; dopo aver aggiunto un pizzico di sale, continuate a cuocere, a fuoco più dolce, mescolando, finché il semolino non comincerà a diventare più consistente. Tenete ancora sul fuoco una decina di minuti.

Oliate una teglia e versatevi il semolino per un'altezza di un centimetro circa.

Quando sarà freddo, ricavatene tanti dischetti, usando un bicchierino, o qualsiasi altro stampino rotondo, e trasferiteli in una pirofila oliata.

Spolverateli con un po' di noce moscata in polvere e passateli in forno già caldo, dove li cuocerete a 200° per una ventina di minuti.

A questo punto, sulla superficie si dovrebbe essere formata una crosticina dorata.

Servite gli gnocchi caldi, al naturale, oppure conditeli con un filo di olio extravergine di oliva aromatizzato con qualche fogliolina di salvia.

HUMMUS

STAGIONE: tutto l'anno
PREPARAZIONE: 25 minuti
COTTURA: 1 ora
MEDIA DIFFICOLTÀ
PER TUTTA LA FAMIGLIA

INGREDIENTI (per 2-3 porzioni)
1 bicchiere di ceci
3 bicchieri d'acqua
3 cm di alga kombu
2 spicchi d'aglio
aceto di mele
limone

PREPARAZIONE

Ammollate per una notte un bicchiere di ceci in 3 bicchieri d'acqua.

Il giorno dopo, cuoceteli a pressione con acqua rinnovata e un pezzo di alga kombu per un'ora. Spegnete e, lasciato uscire il vapore, aprite la pentola, insaporite con un pizzico di sale, chiudete nuovamente la pentola e cuocete ancora per una decina di minuti.

Una volta cotti, passate i ceci al passaverdura, aiutandovi eventualmente con un po' di acqua di cottura; la crema, però, deve risultare abbastanza densa.

Aggiungete alla purea due spicchi d'aglio tritati, un cucchiaio di aceto di mele e il succo di un limone, e amalgamate per bene il tutto.

Questa crema, originaria del Nord Africa, si può spalmare sul pane o su gallette di riso, oppure si può usare per condire cereali in genere.

Chiusa in un vasetto di vetro, si conserva in frigorifero per 3-4 giorni.

INVOLTINI DI SEITAN ALLA SALVIA

STAGIONE: tutto l'anno
PREPARAZIONE: 25 minuti
COTTURA: 15 minuti
FACILE
PER TUTTA LA FAMIGLIA

INGREDIENTI (per 3-4 porzioni)
230 g di seitan
3 carote
salvia
olio extravergine d'oliva

PREPARAZIONE

Rosolate in una padella oliata alcune foglioline di salvia, quindi unite del seitan tagliato a strisce piuttosto larghe, salate appena e, sempre mescolando, lasciate saltare il tutto per alcuni minuti.

Aggiungete un dito d'acqua, coprite, abbassate la fiamma e cuocete dolcemente finché il liquido non sia stato assorbito del tutto.

Nel frattempo, sbollentate in acqua qualche carota tagliata a pezzetti piuttosto grossi.

Avvolgete con le strisce di seitan ogni singolo pezzo di carota e fissate il tutto con uno stuzzicadenti, in maniera che l'involtino si possa mangiare tenendolo in mano.

ORATA AL CARTOCCIO

STAGIONE: tutto l'anno
PREPARAZIONE: 15 minuti
COTTURA: 20 minuti
FACILE
PER TUTTA LA FAMIGLIA

INGREDIENTI (per 2 porzioni)
1 orata grossa o 2 piccole
aglio
rosmarino
limone

PREPARAZIONE

Prendete un'orata, pulitela, farcitela con uno spicchio d'aglio a pezzetti, una o due fettine di limone e un rametto di rosmarino.

Spolverate con un pizzico di sale e avvolgete in un foglio di alluminio.

Mettete il cartoccio in una teglia da forno e passate in forno a 180° per una ventina di minuti circa.

Il pesce cuocerà nel suo stesso liquido.

Come avrete notato, questa ricetta si caratterizza per l'assoluta mancanza di condimenti.

PAELLA DI CUSCUS

STAGIONE: estate
PREPARAZIONE: 20 minuti
COTTURA: 30 minuti
MEDIA DIFFICOLTÀ
PER TUTTA LA FAMIGLIA

INGREDIENTI (per 2-3 porzioni)
1 bicchiere di cuscus
1 carota
1 cipolla
2 zucchine
50 g di piselli
1 peperone
1 cucchiaio di crema di sesamo (tahin)
1 cucchiaino di miso d'orzo
zafferano
olio extravergine d'oliva

PREPARAZIONE

Tagliate a pezzetti 1 kg scarso di verdure di stagione: carote, cipolle, zucchine, piselli, peperone. Stufatele a fuoco basso, aggiungendo, qualora fosse necessario, un filo d'acqua.

Quando ancora le verdure sono al dente, condite con una salsa che avrete ottenuto mescolando un cucchiaio di crema di sesamo (tahin) e un cucchiaino di miso d'orzo stemperati in mezzo bicchiere d'acqua calda.

Versate un bicchiere colmo di cuscus, aromatizzate con una punta di zafferano e cuocete ancora per 5 minuti.

Una volta tolto dal fuoco, aggiungete 2 cucchiai di olio extravergine d'oliva e servite.

PANZANELLA COLORATA

STAGIONE: estate
PREPARAZIONE: 30 minuti
COTTURA: 50 minuti
MEDIA DIFFICOLTÀ
PER TUTTA LA FAMIGLIA

INGREDIENTI (per 2-3 porzioni)
500 g di pane integrale raffermo
2-3 pomodori
1 bicchiere di fagioli neri
basilico
prezzemolo
origano
salsa di soia
olio d'oliva extravergine

PREPARAZIONE

Lessate a pressione i fagioli.

Mettete un po' d'acqua fredda in una zuppiera e immergete 4 fette di pane integrale raffermo, quindi sbriciolatelo con le mani in una terrina.

Tagliate a pezzetti 2-3 pomodori ben maturi, metteteli in un piatto largo, cospargeteli di sale fino e lasciateli spurgare per una mezz'ora circa. In questo modo perderanno parte della loro acidità.

Uniteli al pane sbriciolato assieme ai fagioli neri cotti, alcune foglie tritate di basilico fresco e di prezzemolo, un pizzico di origano, qualche goccia di salsa di soia e dell'olio extravergine di oliva.

Fate riposare il tutto per qualche ora prima di servire.

PASTA ALLE CIME DI RAPA

STAGIONE: primavera
PREPARAZIONE: 15 minuti
COTTURA: 10 minuti
FACILE
PER TUTTA LA FAMIGLIA

INGREDIENTI (per 3-4 porzioni)
1 mazzo di cime di rapa
1 spicchio d'aglio
2 acciughe salate
olio extravergine d'oliva
300 g di pasta corta

PREPARAZIONE

Lavate, tagliate a pezzi e bollite in acqua salata le cime di rapa per 5 minuti.

Prima che siano eccessivamente cotte, scolatele e conservate l'acqua di cottura.

Saltate in un tegame, con un paio di cucchiai di olio d'oliva, uno spicchio di aglio tritato, le cime di rapa e, volendo, un paio di acciughe lavate e diliscate.

Cuocete la pasta in acqua bollente utilizzando anche l'acqua di cottura della verdura che darà più sapore.

Scolatela al dente e versatela nel tegame in cui avete fatto saltare le cime di rapa.

Saltate il tutto per qualche minuto a fuoco allegro, trasferite in una terrina e portate in tavola.

POLENTA DOLCE

STAGIONE: autunno-inverno
PREPARAZIONE: 25 minuti
COTTURA: 2 ore
MEDIA DIFFICOLTÀ
PER TUTTA LA FAMIGLIA

INGREDIENTI (per 3-4 porzioni)
30 g di uvetta
2 bicchieri di farina di polenta fioretto
1/2 bicchiere di malto di mais
1/2 bicchiere di pinoli o nocciole
sale
cannella

PREPARAZIONE

Ammollate in poca acqua fredda 30 g di uvetta.

In una pentola a fondo spesso, portate a bollore 6 bicchieri di acqua con un pizzico di sale.

Non appena l'acqua bolle, versate a pioggia 2 bicchieri di farina di mais, quindi un bicchiere di malto di mais, metà dell'uvetta ammollata (con relativo liquido di ammollo), un pugno di pinoli o nocciole tostati e tritati grossolanamente e una presa di cannella in polvere, e amalgamate il tutto con una frusta. Cuocete a fuoco dolce mescolando di frequente.

Nel frattempo, ungete una tortiera di 20-25 cm di diametro, versatevi il composto e decorate con l'altra metà dell'uvetta e ancora un bel pugno di pinoli o nocciole.

Cuocete in forno a 150° per un'ora circa.

Si può consumare questa polenta tiepida, ma anche fredda.

STUFATO DI FINOCCHI

STAGIONE: tutto l'anno
PREPARAZIONE: 15 minuti
COTTURA: 20 minuti
FACILE
PER TUTTA LA FAMIGLIA

INGREDIENTI (per 2 porzioni)
2 finocchi
polpa d'olive

PREPARAZIONE

Affettate sottilmente, dopo averli lavati, un paio di finocchi, e saltateli in una padella oliata.

Salate, abbassate la fiamma, coprite e stufate per circa un quarto d'ora.

Di tanto in tanto, verificate che la verdura non attacchi (l'ideale sarebbe che i finocchi cuocessero nel loro stesso liquido).

Servite con riso bollito, carote grattugiate e un cucchiaino di polpa di olive.

TORTA DI VERDURA

STAGIONE: tutto l'anno
PREPARAZIONE: 15 minuti
COTTURA: 20 minuti
LABORIOSO
PER TUTTA LA FAMIGLIA

INGREDIENTI (per 3-4 porzioni)
2 cipolle
2 carote
4 foglie di verza
olio di sesamo
3 bicchieri e 1/2 di farina di frumento
timo
salsa di soia

PREPARAZIONE

Affettate 2 cipolle, 2 carote, una rapa e 4 foglie di verza a striscioline e saltatele in una padella con 2 cucchiai di olio di sesamo.

Aggiungete un dito d'acqua, salate, abbassate il fuoco e cuocete per un quarto d'ora, coperto. Nel frattempo, preparate la besciamella tostando in un pentolino mezzo bicchiere di farina con un cucchiaio di olio di sesamo prima di unirvi 2 bicchieri di acqua calda. Mescolate di continuo fino a bollore, aggiungete un cucchiaio scarso di salsa di soia, un pizzico di timo fresco e cuocete 5 minuti.

Mescolate in una terrina 3 bicchieri di farina con un pizzico di sale, sabbiate con 2 cucchiai di olio di sesamo e, poi, tanta acqua da formare una pasta morbida che andrà stesa con il matterello.

Ungete una tortiera e disponetevi l'impasto; punzecchiatelo con i denti di una forchetta e passatelo in forno caldo per 15 minuti. Estraete la tortiera, coprite con le verdure cotte, versatevi sopra la salsa besciamella e cuocete ancora in forno medio per 20 minuti. Alla fine, la crosta dovrà essere ben cotta e la salsa densa.

VERDURE COLORATE

STAGIONE: tutto l'anno
PREPARAZIONE: 15 minuti
FACILE
PER TUTTA LA FAMIGLIA

INGREDIENTI (per 2-3 porzioni)
1 mela
3 carote
1 verza
1 cavolfiore
lattuga
salsa di soia
aceto di mele
olio extravergine d'oliva

PREPARAZIONE

Lavate una mela, una verza, un cavolfiore e tre carote.

Sbollentateli rapidamente in abbondante acqua bollente leggermente salata.

Fate in modo di tagliare in maniera diversificata gli ingredienti: per esempio, la mela a spicchi, le carote a fiammifero, la verza a listarelle sottili e il cavolfiore diviso in fiori.

Scolate il tutto e mettete in una terrina.

Condite con una salsa ottenuta mescolando 2 cucchiai di salsa di soia, 3 cucchiai di olio extravergine di oliva e 2 cucchiai di aceto di mele o di riso.

Servite sopra una foglia di lattuga.

ZUCCA E CIPOLLE

STAGIONE: autunno-inverno
PREPARAZIONE: 15 minuti
COTTURA: 20 minuti
FACILE
PER TUTTA LA FAMIGLIA

INGREDIENTI (per 2-3 porzioni)
1 cipolla
1/2 zucca
2-3 cm di alga kombu
sale

PREPARAZIONE

Mettete in una pentola 2-3 cm di alga kombu, una cipolla tagliata a pezzetti, 2 bicchieri di zucca a cubetti, aggiungere due dita di acqua, un pizzico di sale e portate a bollore.

Coprite la pentola e cuocete dolcemente per una ventina di minuti, fino a quando, cioè, la verdura non sarà tenera.

ZUPPA DI FARRO

STAGIONE: tutto l'anno
PREPARAZIONE: 30 minuti
COTTURA: 60 minuti
MEDIA DIFFICOLTÀ
PER TUTTA LA FAMIGLIA

INGREDIENTI (per 2-3 porzioni)
1 bicchiere di farro
1 bicchiere di fagioli borlotti
3 cm alga kombu
1 cipolla
2 carote
1 gambo di sedano
salvia
prezzemolo
olio extravergine d'oliva
salsa di soia

PREPARAZIONE

Ammollate separatamente per una notte un bicchiere di farro e uno di fagioli borlotti.

Cuocete a pressione per un'ora i fagioli scolati con l'alga kombu e un rametto di salvia fresca, ben coperti di acqua rinnovata, e, sempre per un'ora, in pentola normale, il farro nella sua stessa acqua di ammollo (2 bicchieri abbondanti) e un pizzico di sale, inserendo una piastra spargifiamma.

Nel frattempo, tagliate a dadini cipolla, carote e sedano; saltateli, nell'ordine, in una pentola oliata, mescolando con cura perché non attacchino (eventualmente aggiungete un po' d'acqua).

Unite alle verdure saltate il farro cotto, quindi i fagioli passati al passaverdure e l'acqua necessaria a stemperare il tutto. Salate e cuocete a fiamma bassa per 20 minuti; insaporite, alla fine, con salsa di soia. Servite con prezzemolo tritato e, volendo, alcune gocce di olio extravergine d'oliva.

Questo piatto unico è buono sia caldo in inverno, sia freddo d'estate.

ZUPPA DI GRANO E CECI

STAGIONE: tutto l'anno
PREPARAZIONE: 25 minuti
COTTURA: 50 minuti
MEDIA DIFFICOLTÀ
PER TUTTA LA FAMIGLIA

INGREDIENTI (per 2-3 porzioni)
1 bicchiere di ceci
1 bicchiere di frumento
2 foglie d'alloro
2 cm di alga kombu
2 carote
1 cipolla
1 gambo di sedano
1 spicchio d'aglio
olio extravergine d'oliva
salsa di soia
prezzemolo
rosmarino

PREPARAZIONE

Ammollate separatamente per una notte, in acqua fredda, un bicchiere di ceci e uno di frumento, poi uniteli e cuoceteli a pressione con una foglia di alloro, un rametto di rosmarino fresco e un pezzetto di alga kombu.

Nel frattempo, preparate un battuto di verdura (2 carote, un gambo di sedano, una cipolla e uno spicchio d'aglio) che farete appassire a fuoco basso in una pentola di coccio appena oliata e coperta.

Quando i ceci e il grano saranno teneri, uniteli al battuto di verdure, condite con qualche goccia di salsa di soia e servite con un po' di prezzemolo tritato.

Per dare densità alla zuppa potete frullare una parte degli ingredienti.

ZUPPA DI ORZO PERLATO

STAGIONE: tutto l'anno
PREPARAZIONE: 15 minuti
COTTURA: 45 minuti
MEDIA DIFFICOLTÀ
PER TUTTA LA FAMIGLIA

INGREDIENTI (per 2-3 porzioni)
50 g di funghi secchi
6 bicchieri d'acqua
2 cipolle
2 gambi di sedano
1 bicchiere di orzo
3 cm di alga kombu
prezzemolo
salsa di soia
olio d'oliva extravergine

PREPARAZIONE

Mettete in una pentola un bicchiere di orzo perlato che avrete precedentemente ammollato per 6-8 ore, con le cipolle a dadini, il sedano tagliato finemente, i funghi secchi ammollati e tagliati, un pezzetto di alga kombu e 6 bicchieri d'acqua.

Portate a bollore, quindi abbassate la fiamma al minimo e cuocete per 45 minuti, fino a che l'orzo sia ben morbido.

Aggiungete qualche goccia di salsa di soia e cuocete ancora un quarto d'ora.

Guarnite con un po' di prezzemolo tritato e servite.

A scuola di mensa

Nella nostra società i bambini entrano sempre più precocemente nelle istituzioni per l'infanzia, passandovi un gran numero di ore e, soprattutto, usufruendo dei servizi di mensa organizzati. Se pensate, o siete nella necessità di iscrivere il vostro bambino o la vostra bambina all'asilo nido o alla scuola materna, è necessario fare i conti con la realtà che si incontra anche dal punto di vista dell'alimentazione.

LA SITUAZIONE ATTUALE

La situazione delle mense scolastiche italiane è sicuramente tra le meno curate, il che crea disagi, problemi e perplessità nei bambini e nelle bambine, nei genitori e, di riflesso, a organizzatori, enti locali e amministrazioni dove, spesso, manca ancora una cultura che permetta di considerare il pasto come momento fondamentale nella vita dei bambini e, più in generale, nelle persone, da un punto di vista sia nutrizionale, sia relazionale.

Spesso l'unica domanda che i genitori rivolgono ai figli all'uscita della scuola è: «Hai mangiato oggi?», quasi il problema potesse ridursi alla quantità di cibo mangiato.

La paura atavica della denutrizione, per quanto strano possa sembrare, è tuttora presente anche nelle nuove generazioni di genitori, anche se sempre meno giustificata.

La qualità del cibo, invece, rimane ancora un fattore secondario. Quando la domanda è: «Che cosa hai mangiato?» (oppure: «Che cosa hanno mangiato i bambini?» se ci si rivolge agli insegnanti), le risposte diventano vaghe e sovente poco ascoltate. A volte, i diversi turni del personale fanno sì che i genitori, quando vanno a riprendere i bambini, non incontrano mai, o quasi mai, l'insegnante cui i bambini vengono affidati durante l'orario dei pasti..

Eppure, è più che più naturale porre e porsi, dopo la scelta di lasciare i bambini a mangiare a scuola, le domande: «Che cosa hai mangiato?», «Come hai mangiato?»

Tutti i dati più recenti indicano che, nel mondo occidentale, la forma di malnutrizione più importante in età evolutiva è proprio l'obesità. In America, tanto per fare un esempio, il 30% della popolazione scolastica ne è affetta, mentre in Italia e in Europa le ricerche riguardanti gli alunni delle scuole che vanno dalle elementari alle superiori parlano di percentuali che sfiorano il 20%.

E l'obesità, nella maggioranza dei casi, è solo frutto di uno squilibrio fra apporto calorico e dispendio energetico. Per i

PROBLEMI PSICOLOGICI

Il bambino per crescere ha bisogno di vari 'nutrimenti':

- *nutrimento fisico* (cibo);
- *nutrimento psichico*, per la struttura dell'Io e della personalità;
- *nutrimento affettivo*, per la costituzione dell'identità e dell'individuazione del Sé;
- *nutrimento cognitivo*, per lo sviluppo della capacità e delle prestazioni;
- *nutrimento relazionale*, per lo sviluppo della socialità.

Le situazioni di carenza o assenza di 'nutrimenti' potrebbero creare 'vuoti' capaci di indurre il bambino a eccedere nell'uso del nutrimento a lui più accessibile: *il cibo.*

nostri figli, nutriti in eccesso, sarebbe importante preoccuparsi della quantità, ma anche della qualità del cibo e degli aspetti socio-psicologici del momento del pasto.

ALCUNE ESPERIENZE

Fortunatamente l'attenzione verso la ristorazione scolastica sta aumentando, anche se a volte, purtroppo, in seguito a qualche problema. Per esempio, dopo alcuni casi di intossicazione alimentare (a Torino, Padova e Bologna, solo per citare alcuni casi), le amministrazioni locali si sono 'svegliate' offrendo maggiore attenzione e risorse a ciò che veniva proposto nelle mense scolastiche.

Così, in alcune città, per la sensibilità degli amministratori,o per la forza dei comitati dei genitori, le cose sono cambiate.

L'esperienza di Cesena

L'esperienza di 'Pappamondo', per esempio, è nata a Cesena nel 1986, promossa, tra l'altro, dal settore della Pubblica istruzione del Comune. Gli operatori del Comune, pedagogisti e sociologi, assieme ad alcuni pediatri, proposero all'Amministrazione comunale l'avvio di una sperimentazione in tre asili nido e in due scuole materne di una dieta a indirizzo bio-mediterraneo.

In pratica, vennero fatte le seguenti proposte:

1. **Valorizzare** il consumo di cereali integrali e semintegrali, di legumi, di verdure e frutta fresche e di stagione.
2. **Ridurre** il consumo di grassi e prodotti animali.

MALATTIE 'SOCIALI' DOVUTE A ERRORI ALIMENTARI

Errore alimentare	Malattia di importanza sociale
Eccesso di calorie	• Sovrappeso e obesità (con maggior rischio in età adulta di diabete, ipertensione, artrosi, insufficienza venosa...) • Arteriosclerosi (con danni a cuore, cervello, reni...) • Anticipazione della pubertà (con maggior rischio di cancro al seno e al corpo dell'utero)
Eccesso di carne e derivati	• Arteriosclerosi • Cancro a colon e retto • Iperuricemia e gotta • Accelerazione dell'insufficienza renale
Eccesso di zuccheri semplici (saccarosio, eccetera)	• Contributo alla formazione della carie • Contributo al sovrappeso e all'obesità • Alterazioni del metabolismo glucidico
Eccesso di grassi saturi	• Arteriosclerosi
Alto rapporto grassi saturi/polinsaturi	• Arteriosclerosi
Eccesso di alcol	• Epatiti e cirrosi, gastriti • Danni neurologici e psichici • Ipertensione arteriosa e ictus cerebrale • Danni al feto
Eccesso di sale (cloruro di sodio)	• Ipertensione arteriosa e accidenti cerebrovascolari • Calcoli renali
Eccesso di caffè	• Esofagite da riflusso acido dallo stomaco • Danni al feto
Carenza di fibra vegetale	• Stipsi, emorroidi • Diverticolosi e diverticolite • Ernia dello iato esofageo • Cancro al colon e retto • Calcoli biliari • Diabete • Sovrappeso e obesità
Carenza di frutta e verdura fresca (fonti principali di vitamina C e beta-carotene)	• Cancro allo stomaco, colon, retto, esofago, polmone
Carenza di calcio e vitamina D	• Osteoporosi • Rachitismo

Dalla Direttiva della Regione Lombardia sulla ristorazione scolastica.

3. Valutare la salubrità degli alimenti, acquistando tutti i prodotti vegetali dal mercato dell'agricoltura biologica, sottoponendoli a regolari controlli.

Furono organizzati convegni in modo da sensibilizzare tutti i pediatri di base sull'impostazione e la gestione delle tabelle dietetiche, promossi incontri con le famiglie, dando concreti consigli, riferimento e supporto, e create occasioni affinché gli educatori e gli insegnanti lavorassero sulla routine del pasto a scuola per qualificarla; inoltre fu data ai cuochi l'opportunità di espandere la propria competenza tecnico-professionale.

Nel giro di tre anni, il progetto si è andato affermando in tutte le mense scolastiche servite da cucine interne gestite dal Comune di Cesena. Oggi l'esperienza di 'Pappamondo' coinvolge tutti i nidi (8), le scuole materne comunali e statali (28) e 7 scuole elementari, per un totale di 2300 pasti serviti giornalmente (dati rilevati nel mese di maggio 1996).

In questi anni i menù sono stati via via aggiornati, cercando di sposare al meglio la dietetica con la gastronomia.

Il progetto prevede un ricettario che viene fornito da sei anni a ogni famiglia all'inizio della frequenza del loro bambino alla scuola, assieme alle tabelle dietetiche e ai menù.

Nel progetto 'Pappamondo' l'attenzione al **che cosa** i bambini mangiano si è accompagnata alla cura del **come** mangiano, della loro relazione con il cibo e con l'ambiente circostante.

Ecco, per esempio, come sono strutturati i pasti nei nidi e nelle scuole materne:

- ore 9-9.30: spuntino con frutta di stagione;
- ore 11.45 (nido) o 12 (materna): pranzo. Il pasto consumato a pranzo dovrebbe apportare il 35-40% del totale delle calorie giornaliere, ed è su questa base che vengono calcolati i menù proposti. Va considerato, comunque, che i bambini hanno una grande capacità di autoregolarsi e possono quindi decidere di ripartire diversamente l'introduzione calorica mangiando più abbondantemente a colazione o a cena.

  Il primo piatto consiste in pasta, riso o altri cereali integrali conditi in modi diversi, o in brodo di verdure o carne. Come secondo piatto vengono proposti alternativamente pesce, carne, uova, formaggio o preparazioni a base di verdura (torte salate, sformati) accompagnati da verdura e pane;
- ore 15.30-16: merenda. Una bevanda costituita, almeno tre volte la settimana, da latte o yogurt e cibi dolci (torte o biscotti) o salati (focacce) preparati dai cuochi stessi.

Nel 1996 si è calcolato il puro costo giornaliero del cibo pari a L. 2370, e a L. 6150 se a questo si somma la spesa del personale di cucina.

Sulla scia di 'Pappamondo' si è costituito a livello provinciale un gruppo di lavoro, allo scopo di promuovere in tutti i Comuni il ricettario e il materiale informativo in uso presso le mense di Cesena.

L'esperienza di Padova

A Padova l'esperienza del pasto biologico ha preso l'avvio grazie allo sforzo di un gruppo di genitori che avevano ben chiara l'importanza dell'alimentazione come bisogno primario ed erano evidentemente consapevoli del ruolo della qualità del cibo somministrato.

Il gruppo prese l'iniziativa di far girare un questionario atto a rilevare l'interesse dei genitori nei confronti del cibo biologico e verificare il desiderio di approfondire tematiche riguardanti l'alimentazione in genere. Poiché il 90% delle risposte denotava tanto la voglia di approfondire la conoscenza quanto la disponibilità ad accettare l'introduzione dell'alimentazione biologica nelle scuole materne, il comitato ha formalizzato questa richiesta all'assessorato all'Istruzione.

L'amministrazione comunale ha risposto deliberando un progetto educativo allo scopo di andare incontro alle istanze dei genitori. Tra le finalità del progetto, l'introduzione graduale dei cibi bio-integrali nel pasto (frutta e verdura), ma soprattutto l'ambizione di inserire un cambiamento graduale nell'alimentazione in un contesto di crescita culturale, al fine di attivare un processo educativo destinato a svilupparsi e diretto a coinvolgere tutte le componenti: genitori, docenti, cuochi, personale ausiliario e bambini e bambine, naturalmente.

Nel corso del primo anno di sperimentazione, nel 1992-1993, il progetto ha interessato una sola scuola materna con 75 bambini; è consistito nella fornitura di frutta e verdura provenienti da coltivazioni biologiche e, soprattutto, in una serie di corsi di aggiornamento teorici e pratici diretti tanto ai genitori quanto agli insegnanti e ai cuochi.

Nell'anno successivo, 1993-1994, il progetto si è allargato e ha interessato altre due scuole materne. Nel 1994-1995 si sono aggiunte ancora altre tre scuole (due nidi e una materna).

Questo progetto si è principalmente rivolto alla sensibilizzazione culturale, benché questa strada richieda inevitabilmente tempi più lunghi, visto che le scelte a tavola traggono molto spesso origine da idee e rappresentazioni mentali, ma se si è convinti che le idee sul cibo si formano già nei primi anni di vita, diventa necessario favorire precocemente, attraverso l'educazione alimentare, l'uso corretto dei cibi.

Alcune cattive abitudini condizionano, infatti, fortemente i comportamenti legati al cibo: un bambino premiato con una caramella o un cioccolatino assocerà sempre quel certo sapore alla gratificazione morale, oltre che a quella del palato, e di conseguenza considererà, anche in futuro, i cibi dolci qualcosa di buono e desiderabile. Attraverso un meccanismo analogo diventano buoni i cibi esotici, costosi o consumati saltuariamente e, proprio per questo, più ambiti degli altri.

Gli obiettivi dell'intervento sono diventati:

- l'acquisizione di informazioni e conoscenze sul tema 'alimentazione' rivolta a tutti gli utenti;
- la progressiva consapevolezza delle proprie abitudini alimentari;
- l'acquisizione di capacità di natura didattica per aiutare i bambini a costruire un buon rapporto con il cibo (punto, questo, destinato in particolar modo agli insegnanti);
- la messa a disposizione di strumenti teorici e pratici, attraverso esperienze di cucina, quali basi per una libera scelta;
- il supporto nella scelta dei giusti nutrienti per una sana alimentazione che contempli l'utilizzo di prodotti biologici di qualità certificata.

Un'attenzione particolare è stata riservata alla professionalità dei cuochi, prevedendo aggiornamenti annuali specifici (preparazione e cottura di piatti a base di cereali, preparazione di salse e dolci alla frutta con dolcificanti e condimenti naturali) a carattere teorico/pratico, concepiti con il contributo di alcuni esperti.

Anche a Padova si è comunque puntato soprattutto al coinvolgimento delle varie componenti educative, alla gradualità d'introduzione nel menù dei nuovi cibi, al supporto costante della dietista del Comune.

Il menù, quindi, non è stato strutturato in maniera rigida, ma è stato caratterizzato da una certa flessibilità, proprio per permettere tutti gli assestamenti atti a renderlo il più possibile compatibili con le esigenze di genitori e di bambini.

Si è anche attuato un attento controllo circa la 'gradevolezza' del menù attraverso apposite schede, alcune preparate giornalmente dai cuochi e dagli insegnanti, e altre, con cadenza settimanale, affidate alla commissione mensa di ogni singola scuola.

Allo scopo di favorire la partecipazione diretta dei genitori, sono stati predisposti periodicamente questionari per rilevare le abitudini famigliari, gli interessi, le osservazioni.

L'esperienza di Grugliasco (Torino)

Questa esperienza è cominciata nel 1989 non su proposta dell'amministrazione, bensì grazie all'impegno profuso da un comitato di cittadini particolarmente motivati. Il progetto portato avanti da questo gruppo composto da genitori, insegnanti e persone interessate ha puntato su una dieta di tipo mediterraneo, con l'uso di prodotti provenienti da coltivazioni biologiche (oltre il 70%).

Si è formato un comitato tecnico-scientifico che ha promosso una serie di incontri con i genitori e ha organizzato un referendum. Alla consultazione ha risposto l'87% dei genitori, e tra questi il 72% si è dichiarato favorevole all'istituzione di un menù di tipo mediterraneo con presenza preponderante di prodotti biologici.

L'amministrazione, a questo punto, ha stilato un capitolato in cui si prevedeva che tutti gli ortaggi, la frutta, i cereali e i legumi, l'olio extravergine di oliva, i succhi di frutta, le marmellate fossero prodotti biologici regolarmente certificati. Eccezion fatta per latte, formaggio e carne, quindi, tutto il cibo somministrato è biologico.

Il progetto è partito soprattutto grazie alla tenacia di due mamme-direttrici didattiche che, approfittando anche del loro ruolo professionale, hanno cercato di far crescere la consapevolezza attorno all'importanza dell'alimentazione, aggregando insegnanti, genitori, medici e pediatri particolarmente sensibili e motivati.

L'intervento ha mirato da una parte a informare gli insegnanti e dall'altra a educare le famiglie e i bambini.

Un insegnante formato e convinto in ogni classe è uno stimolo che può influenzare positivamente, fornire nuove notizie e conoscenze e che può educare alla sensibilità.

Paradossalmente, ci si è accorti che i bambini erano la componente che dava meno preoccupazioni, perché, quando vivono un'atmosfera piacevolmente serena, quando amano la propria insegnante e credono in lei, quando ne fanno una figura di riferimento, tutto andrà liscio, non ci saranno problemi, non si butterà niente, le verdure, sempre così difficili da proporre ai bambini, saranno apprezzate.

Nelle classi in cui le insegnanti sono, per una serie di motivi, meno informate e interessate, ecco sorgere inevitabilmente le difficoltà: l'insegnante, magari, non mangia in mensa o, se lo fa, preferisce il pollo arrosto alla torta di spinaci. In questi casi, chiaramente, la trasmissione nei bambini dei princìpi di una corretta alimentazione viene quanto meno 'disturbata'.

C'è da dire che oggi, sapendo e volendo interpretare, nelle circolari ministeriali c'è davvero di tutto... anche in tema di educazione alimentare.

Alcune di queste circolari, per esempio, prescrivono che in ogni direzione didattica, ogni scuola media e ogni scuola superiore debbano avere uno o due insegnanti quali referenti per l'educazione alla salute. Questi insegnanti vengono periodicamente sottoposti a corsi obbligatori ministeriali. Oggi è possibile fare pressione sul provveditore chiedendo dei corsi di educazione alimentare con la partecipazione di esperti del settore, anche scelti dal comitato dei genitori.

Rifacendosi agli orientamenti dell'Organizzazione Mondiale della Sanità e dell'Istituto Nazionale della Nutrizione, si possono fondamentalmente dare i seguenti consigli:

- abituare i bambini e le famiglie a un sensibile aumento del consumo di fibre (cereali integrali, verdure e legumi);
- spingere per una drastica riduzione della carne e dei grassi animali (latticini e formaggi in genere).

A partire da qui è possibile elaborare una serie infinita di strategie, accettare la necessità di continui interventi e iniziative alternative, adattando il progetto di una più sana alimentazione scolastica alle abitudini locali, al contesto culturale, alle risorse e, soprattutto, a un'informazione continua e approfondita.

CONCLUSIONI

Il momento del pasto è assai importante, sia da un punto di vista strettamente nutrizionistico, sia da quello socio-psicologico, perciò la scuola pubblica non può trascurarlo.

Le esperienze già vissute dimostrano che è possibile trovare soluzioni e cercare di cambiare, avvalendosi, oltre che delle motivazioni personali, di dati scientifici oggettivi.

Oggi, un numero sempre più grande di genitori si pone il problema dell'alimentazione, ma spesso sono interessati anche le Amministrazioni e il corpo insegnante.

Chi è già sensibile può suggerire corsi di approfondimento e aggiornamenti, in modo da allargare le crepe che spesso

PROPOSTA GLOBALE DI EDUCAZIONE ALIMENTARE PER IL SERVIZIO DI REFEZIONE SCOLASTICA

di Luciano Proietti (pediatra nutrizionista)

Gli episodi di intossicazione alimentare che si sono verificati in questi ultimi anni in numerose città italiane, e di cui i giornali e le televisioni hanno diffusamente parlato, hanno riacceso nell'opinione pubblica il dibattito sulla refezione scolastica nei termini sia di tutela della salute, sia di costi. Queste reazioni, spesso emotive, sono utili se servono a produrre miglioramenti nel servizio.

Per un'alimentazione equilibrata nelle mense scolastiche è necessario trasformare l'attuale servizio di refezione scolastica da semplice distribuzione dei pasti, igienicamente sicuri, a momento di educazione alla salute, attraverso la proposta di menù composti da cibi sani dal punto di vista igienico, ma anche semplici ed equilibrati nei nutrienti, in sintonia con le Linee Guida per una Sana Alimentazione proposte dall'Istituto Nazionale della Nutrizione e ai fabbisogni nutrizionali individuali espressi dal Ministero della Sanità attraverso i Larn (Livelli di Assunzione Raccomandati di Nutrienti).

Questa scelta è doverosa soprattutto per gli Enti pubblici che non possono che fare riferimento alle indicazioni della medicina ufficiale per la prevenzione delle malattie cronico-degenerative (aterosclerosi, infarto, tumori, diabete, obesità, eccetera) conseguenti a un'eccessiva e scorretta alimentazione, a partire dai primi anni di vita.

Gli obiettivi dietetici di un servizio di refezione scolastica nutrizionalmente corretto dovrebbero essere:

- ridurre la quantità calorica totale giornaliera (dalle attuali 2800-3000 alle ideali 1500-2300), limitando l'uso di grassi, di dessert ipercalorici, di cibi raffinati;
- ridurre il consumo di proteine animali fino ad avvicinarsi ai fabbisogni fisiologici (circa 1-0,8 g/kg/die, nell'età scolare 3-10 anni, cioè, per esempio, per un bambino del peso di 30 kg, 30 g il giorno di proteine animali);
- aumentare la quantità di fibra alimentare (dagli attuali 5-8 g al dì, ad almeno 20 g al dì), attraverso l'uso di cereali integrali e legumi;
- utilizzare il più possibile alimenti coltivati con i metodi dell'agricoltura biologica o integrata, vale a dire senza l'uso di antiparassitari, additivi, concimi chimici.

Le esperienze di refezione nutrizionalmente corrette, sperimentate ormai in numerose città italiane, grandi e piccole, a partire da quella storica di Tradate, coordinata da Alberto Donzelli, medico, hanno dimostrato che, per raggiungere gli obiettivi, non sono sufficienti la volontà dell'Amministrazione e la collaborazione degli operatori scolastici, ma è necessaria e indispensabile una capillare azione di educazione alimentare rivolta alle famiglie attraverso insegnanti e alunni.

appaiono qua e là nelle convinzioni più 'tradizionali'. La strada non è certo larga e facile, ma l'importante è cominciare a percorrerla.

Sicuramente il 'mangiare pulito' a casa e a scuola è l'inizio di un cammino che può portare a enormi cambiamenti sul piano personale, ma anche, di riflesso, a livello culturale e sociale di tutta una comunità.

Il bambino ammalato

IL 'MAL DI PANCIA'

Il 'mal di pancia' può avere molte origini e l'intento non è quello di determinarle, ma di suggerire l'atteggiamento da tenere per quel che riguarda l'alimentazione.

In linea di massima, quando il bambino accusa mal di pancia e non vuole toccare cibo, è bene non insistere.

Forse, se lasciamo in pace per un po' i suoi apparati digerente e intestinale, il malessere si risolverà più in fretta e senza dover ricorrere all'uso dei farmaci.

Il bambino può tranquillamente digiunare anche per un paio di giorni, se solo avremo l'accortezza di dargli da bere qualcosa di dolce e di caldo come, per esempio, del succo di mela caldo con una buccia di limone, oppure una tisana di frutti di bosco.

Bisognerà comunque osservare il bambino, avendo la sensibilità necessaria a notare i cambiamenti, sia nei sintomi sia nell'umore.

Come rimedio casalingo, soprattutto se si sospetta che l'indisposizione derivi da possibili strapazzi alimentari, si può preparare del kuzu (un amido bianco usato per zuppe, salse, dessert e pozioni medicinali; si trova nei negozi di alimentazione naturale) addolcito con succo di mela, preparato diluendo in una tazza di acqua fredda un cucchiaino di kuzu, sciogliendolo per bene prima di metterlo sul fuoco. Con la fiamma bassa, si mescola di continuo fino a che il liquido da lattiginoso diventerà trasparente e più denso. A quel punto si addolcisce con un po' di succo di mela e lo si offre al bambino come rimedio davvero eccellente.

Se il bambino, nonostante il mal di pancia, avesse ugualmente appetito, lo si lasci mangiare, evitando comunque pasti troppo ricchi, a base di carne, brodo di carne, pesce, uova e formaggi, e piatti troppo elaborati e complicati (pasticci, sformati, il purè...), ma anche i prodotti da forno come pane, crackers, biscotti e merendine.
L'organismo, invece, sarà aiutato se offriremo semplici minestre di verdura (senza legumi), o creme morbide di cereali (tipo semolino).

Se la fame fosse più robusta, andrà bene un risotto o del miglio con verdure (evitando, ovviamente, i condimenti più pesanti e il parmigiano).

CONVALESCENZA POST-MALATTIE INFETTIVE

Se un bambino è in buone condizioni di salute, la malattia infettiva tipica dell'infanzia di per sé non dovrebbe essere vista come particolarmente pericolosa o traumatica, anzi, sarebbe meglio considerarla un'opportunità per il bambino che rafforza il suo sistema immunitario.

Affinché il decorso della malattia proceda senza complicazioni né inaspettati effetti collaterali, è necessario fare tutto ciò che occorre a livello di cure mediche, ma la malattia non va demonizzata. Anzi, spesso i bambini, dopo le malattie infettive, 'crescono' in tutti i sensi, diventano più alti e robusti, perché il fisico si è cimentato in una lotta, l'ha vinta e superata e ne è uscito più forte.

È naturale che i genitori si preoccupino e cerchino di fare tutto il possibile per evitarla, ma quando arriva è preferibile accettare la malattia infettiva con positività, in modo da aiutare anche il bambino a sentirsi 'protagonista' nella malattia, come nella guarigione.

Il bambino sta male per qualche giorno e va tenuto in casa, curato, coccolato, dedicandogli più tempo del solito, creando intorno al piccolo malato un'atmosfera di serenità e di fiducia positiva, priva di tensione, angoscia e nervosismo.

Un'alimentazione sana è la migliore prevenzione, ma una volta che i piccoli si ammalano è sempre una dieta corretta e sensata ciò che li può aiutare a venirne fuori presto e bene.

Con la malattia infettiva, il bambino, di solito, ha la febbre, qualche forma di eruzione cutanea e uno stato generale di spossatezza cui, a volte, si possono aggiungere alcuni effetti collaterali causati dai medicinali prescritti, prima di tutto gli antibiotici.

A livello alimentare è possibile cercare di non affaticare ulteriormente un organismo già indebolito. Per questo, la dieta consigliata durante la fase acuta è semplicemente... lasciare fare all'organismo, rispondendo solo alle esigenze primarie che, peraltro, saranno minime.

Il digiuno o il semidigiuno è la normale reazione di un organismo che si sa istintivamente autoregolare. Quando, però, la fase acuta della malattia è passata, bisogna seguire con attenzione il periodo della convalescenza, un momento importante e delicato a volte trascurato a causa dei ritmi, spesso davvero forsennati, della vita odierna.

Passata la febbre, o scomparse le macchie rosse, si tende a considerare il bambino del tutto guarito, mentre invece è consigliabile continuare a tenerlo sotto controllo, ancora per un paio di settimane dopo la malattia, non più perché malato, ma in quanto necessita di quelle attenzioni particolari che permettano al suo organismo provato di ristabilirsi completamente.

I bambini normalmente sani, infatti, solitamente superano molto in fretta la fase acuta della malattia (a volte bastano 2-3 giorni), ma eventuali postumi e conseguenze possono creare strascichi e complicazioni anche seri o continue ricadute.

Le precauzioni a livello dietetico sono molto semplici: evitare di appesantire, limitandosi a restituire all'organismo ciò che ha 'speso', in termini di minerali, vitamine ed energia, durante il decorso della malattia, arricchendo i pasti con abbondanti razioni di verdure a foglia verde appena scottate o cotte al vapore.

TOSSE E MALATTIE DA RAFFREDDAMENTO

La tosse e i disturbi da raffreddamento purtroppo sono principalmente considerati come 'acciacchi di stagione' e quindi vengono accettati come una normale consuetudine legata al freddo invernale.

Ma, più che sul freddo, dovremmo concentrare la nostra attenzione sulla salute di base del bambino, il cosiddetto 'terreno' che spesso è impreparato ad affrontare senza conseguenze le mutate condizioni climatiche.

Molte sono le cause che non consentono all'organismo dei nostri piccoli la giusta reazione di fronte alle malattie da raffreddamento:

- il tipo di alimentazione a cui siamo abituati oggi è praticamente uguale in ogni periodo dell'anno: il cibo non varia in accordo con i naturali cambiamenti di stagione;
- durante l'inverno la temperatura in casa è eccessiva: il riscaldamento secca l'aria in modo innaturale e questo, oltre a creare una grande differenza di temperatura fra dentro e fuori di casa, stimola il desiderio di cibi e di liquidi freddi o, comunque, rinfrescanti come bibite gassate, molto zuccherate o succhi di frutta.

Questi cibi sono del tutto inadatti alle condizioni climatiche esterne e, a lungo andare, la resistenza dei bambini, ma anche la nostra, nei confronti del freddo, si indebolisce e quindi è più facilmente attaccabile da virus e batteri presenti normalmente nell'ambiente. Più che isolare il bambino sotto una campana di vetro (noi genitori siamo sempre così iperprotettivi!) dobbiamo aiutarlo a rafforzare la resistenza naturale dell'organismo, cioè la sua tendenza ad 'attrezzarsi' per convivere armoniosamente con quanto lo circonda.

E possiamo iniziare proprio dalla tavola, proponendo menù semplici, equilibrati e... di stagione.

In inverno, per esempio, può essere molto utile diminuire le proteine animali e i latticini (che andrebbero proprio evitati durante una malattia da raffreddamento); anche l'insalata cruda non è un piatto indicato nella stagione fredda. Con la tosse e il raffreddore sono da preferire, invece, cereali ben cotti, in particolare riso o miglio, verdure bollite, o a vapore, qualche mela cotta.

È importante non insistere sulla quantità di cibo: se c'è febbre, il bambino probabilmente non ha molto appetito. Appena si sentirà meglio, si potrà, poco per volta, allargare maggiormente la dieta con un po' di fagioli (cotti con le alghe), tofu, seitan, e anche qualche dessert semplice e genuino (magari fatto in casa).

La tosse è una manifestazione che può nascondere molti disturbi, e non è facile proporre un singolo rimedio. In linea di massima, una bevanda calda (acqua o tè bancha) e dolce (malto o succo di mela) ammorbidisce e placa gli eccessi più violenti.

Un rimedio per la tosse un po' più mirato è costituito da un brodo vegetale che si ottiene grattugiando del daikon crudo (questa verdura che proviene dall'Asia si trova facilmente nei negozi di alimentazione biologica, ma anche nei supermercati. Si tratta di un rapanello gigante, noto in alcune regioni italiane come 'navone'. È reperibile fresco nella stagione invernale, e può essere sostituito dai rapanelli nelle altre stagioni) e strizzandone il succo attraverso una tela. Unite un bicchiere di questo succo a uno di acqua, mettete sul fuoco e fate bollire dolcemente. Quando è tiepido offritelo al bambino facendolo bere a piccoli sorsi.

Questa preparazione aiuta anche ad abbassare la febbre e cura l'apparato urinario.

DIARREA E VOMITO

Sono disturbi che spesso si accompagnano.

Il bambino può aver preso freddo a stomaco pieno, oppu-

PICCOLE CURE IN CASA

Il vostro malatino ha bisogno di particolare comprensione e di tenerezza. Non si rende conto di quello che gli capita. È stanco, forse ha mal di testa, il cibo non gli va, suda e ha freddo nello stesso tempo; tutto è molto sgradevole.

Ancora una volta, i lavori di casa passino in secondo piano. È importante che il bambino avverta la vostra presenza, che non si senta solo. Un bambino malato è più sensibile di uno sano: si spaventa facilmente. Prestate quindi attenzione alle piccole cose.

- Le gocce per le orecchie devono essere riscaldate alla temperatura del corpo (mettendo la bottiglietta in un poco di acqua calda).
- Le supposte, prima di essere introdotte nel retto, vanno lubrificate con olio.
- Evitate di prendere la temperatura rettale, intervento aggressivo che il bambino respinge. Per avere una misura esatta tenete il piccino stretto tra le braccia e usate un termometro a salita rapida, messo sotto l'ascella.
- In caso di febbre, gli impacchi di acqua e aceto da applicare ai polpacci devono essere freddi, ma non troppo.
- Se il bambino oppone forte resistenza a una di queste cure, il medico potrà prescriverne un'altra. È meglio spiegare al piccino che cosa e perché gliela si prescrive. Ne sarà in questo modo meno intimorito.
- Mettetegli le gocce con calma: sarà sicuramente più facile per tutt'e due.
- Per le operazioni più lunghe (per esempio l'applicazione di impacchi, la misurazione della temperatura) cercate di rendere partecipe il bambino.
- Spiegategli più volte ciò che state facendo.
- Fategli provare le cure su una bambola.
- Cercate di distrarlo: vanno bene una scatola di giocattoli, la bambola, gli animali di stoffa preferiti...
- Infine, dimostrategli voi stessi quello che succede: in tutta tranquillità lasciatevi applicare gli impacchi, mettere le gocce nelle orecchie o negli occhi (anche di semplice acqua, per fargli vedere).

re ha mangiato qualcosa di gelato: questa è una delle cause più frequenti. Diversamente, la diarrea può avere origini maggiormente radicate.

Se l'intestino del bambino è particolarmente attivo, il cibo passa molto in fretta attraverso l'apparato digerente. Le scariche hanno una risposta quasi immediata e frequente, e l'assimilazione del cibo ingerito è ovviamente scarsissima.

In questo caso il colore delle feci è giallastro. Allora può andar bene dare un po' di mela grattugiata o cotta al forno. Il sapore dolce della frutta ha il potere di rallentare in qualche modo l'iperattività dell'intestino e ripristinare una situazione normale.

Se, invece, l'intestino è debole (e il bambino abitualmente mangia troppa frutta, troppo zucchero o troppi latticini) può essere aiutato con del riso integrale a cui viene aggiunta qualche goccia di salsa di soia, a seconda dell'età.

Un rimedio casalingo che dà risultati davvero sorprendenti è, anche in questo caso, il kuzu. Essendo del tutto insapore, può essere servito da solo, magari con mezza prugna umeboshi, oppure essere utilizzato per 'legare' una minestra vegetale.

Questi rimedi un po' particolari sono prodotti presenti in natura che vengono sottoposti a trattamenti tradizionali e artigianali; la loro efficacia è testimoniata da secoli e secoli di consumo. Dovrebbero avere un posto d'onore nel nostro armadietto dei rimedi con le 'cose di casa'!

L'attenzione ai cibi è molto importante per la salute dei nostri bambini: queste sono regole molto importanti che dovremmo sempre cercare di seguire.

1. Quando il nostro bambino non sta bene sospendiamo il consumo di alimenti 'squilibrati' (merendine, zucchero, dolci, gelati, snack, ma anche carne, salumi, uova, latticini, cibi raffinati).
2. Sostituiamoli con prodotti di migliore qualità (cibi integrali, biologici, locali, di stagione): cereali, verdure, proteine vegetali, alghe, frutta…

Appendice bibliografica e documentaria

L'ALIMENTAZIONE DEL BAMBINO CHE CRESCE

T. Valpiana *Alimentazione naturale del bambino*, red edizioni, Novara
con precisione, completezza e senso pratico questo libro fornisce indicazioni, consigli e ricette nel pieno rispetto delle leggi della natura.

W. e M. Sears *Allattamento e svezzamento*, red edizioni, Novara
i vantaggi, le tecniche, le eventuali difficoltà dell'allattamento al seno; l'allattamento dei gemelli e dei bambini con problemi; il biberon, lo svezzamento e il passaggio al cibo solido.

G. Fulghesu *Svezzamento naturale*, Città Studi Edizioni, Milano
uno dei testi fondamentali per cogliere a fondo i valori di un'alimentazione 'naturale' e i vantaggi di un regime vegetariano.

E. Dall'Anese *L'alimentazione naturale del bambino*, La Casa Verde, Sommacampagna (VR)
per le famiglie interessate a una corretta alimentazione del proprio figlio. Oltre alle caratteristiche dei vari alimenti vengono fornite semplici ricette.

G. Ricci *Guida all'alimentazione del bambino dopo il primo anno*, La Nuova Italia Scientifica, Roma
sono particolarmente indagati gli aspetti collaterali dell'atto alimentare (presentazione del cibo, rapporto genitore-figlio, manipolazione del cibo da parte del bambino, eccetera).

M. Kaplan, A. Bondil *Alimentazione in gravidanza e nella prima infanzia secondo il metodo Kousmine*, Tecniche Nuove, Milano
la dottoressa Kousmine ha elaborato un programma per la prevenzione e la terapia delle malattie degenerative che caratterizzano il nostro secolo. Questo libro fornisce informazioni sugli alimenti da evitare e quelli da privilegiare durante la gravidanza e lo svezzamento.

M. Casadei, P. Caneti *Naturalmente*, Edizioni AAM Terranuova, Borgo San Lorenzo (FI)
manuale di alimentazione naturista.

A. Cecchini *Vivere domani*, Editore Celani, Marina di Massa, dott. A. Cecchini, piazza Pellerano 3/7, 54037 Marina di Massa (MS), tel. 0585-242241
dove i vari alimenti sono presi analiticamente in considerazione.

G. Dalla Via *Le combinazioni alimentari*, red edizioni, Novara

M.T. Murray *Il potere curativo dei cibi*, red edizioni, Novara

Associazione Naturalista Bolognese *Naturalmente, manuale di cucina e alimentazione naturista*, Stampa alternativa, Roma
fornisce semplici indicazioni di molto buon senso e ottime ricette.

C. Aubert *Il grande manuale della cucina naturale*, red edizioni, Novara
risponde a tutti i perché dell'alimentazione di oggi e presenta oltre 400 ricette tra le più gustose e sane di tutto il mondo.

PROBLEMI PARTICOLARI

D. Sheinkin, M. Schachter, R. Hutton *Le intolleranze alimentari*, red edizioni, Novara
alcuni cibi provocano nel nostro organismo allergie e intolleranze che si manifestano con diversi malesseri. In questo libro troverete le diete indicate per risolvere le intolleranze.

E. Rothera *Allergie*, red edizioni, Novara
un'enciclopedia pratica sulle allergie; come si manifestano, come prevenirle e combatterle.

G. Maggioni *L'alimentazione del bambino sano e malato*, Il pensiero scientifico, Roma
citato in particolare per la seconda parte, ove si affrontano i vari problemi connessi all'alimentazione di un bambino malato: diarrea, vomito, allergie alimentari, cardiopatie, anoressia, obesità, eccetera.

G. Fonseca, P. Ruggeri *Latte artificiale per l'alimentazione infantile*, in 'Rivista della Società Italiana di Scienza dell'alimentazione', anno 13, maggio-giugno 1984, pp. 255-260
sui problemi di varia natura connessi all'allattamento artificiale.

N. Ansaldi, M.P. Bolgiani, G. Mastella, C. Trabucchi *La malattia celiaca*, Gruppo di lavoro di gastroenterologia pediatrica della Società italiana di Pediatria, Verona
come intervenire, dopo una diagnosi precoce, nei casi di intolleranza verso il glutine.

ALCUNI INDIRIZZI

Sostegno ai genitori nel loro difficile compito offrono i vari

centri de 'Il Melograno', operanti in varie città italiane. Eccone gli indirizzi.
Il Melograno, Centro Informazione Maternità, via Villa 12, 37125 Verona, tel. 045-8300908
il Centro ha attivato la linea telefonica 'Nascere... e poi? SOS Primi mesi' che, oltre a sostenere l'allattamento materno, intende aiutare i genitori nei mille problemi della vita con un bambino che cresce.
Il Melograno, Centro Informazione Maternità, via Saturnia 4A, 00183 Roma, tel. 06-70475606
Il Melograno, Centro Informazione Maternità, via Giusti 10, 21013 Gallarate (VA), tel. 0331-701542
Il Melograno, Centro Informazione Maternità, viale della Vittoria 48, 60123 Ancona, tel. 071-35333.

Altri centri di analoga ispirazione:
Il Marsupio, via Cairoli 46, 50134 Firenze, tel. 055-576043
MIPA, Centro Studi, via Castello 107, 25080 Serle (BS), tel. 030-6896597
Consultorio familiare 'Lilith', via Plankenstein 20, 39012 Merano (BZ), tel. 0473-212545
Associazione Centro Nascita Montessori, via G.B. Benedetti 9, 00107 Roma, tel. 06-8077050
L'Acqua che Balla, via Dordi 15, 38100 Trento, tel. 0461-237460
Associazione Il Nido, via F. Zanardi 56, 40131 Bologna, tel. 051-6350911
Il Nido, Associazione mamme, bimbi e scuola di genitori, via Marmorata 169, 00153 Roma, tel. 06-5758648
Villaggio della Madre e del Fanciullo, via F. Goya 60, 20148 Milano, tel. 02-39215385

Per richiedere utili consigli e aiuto circa l'allattamento al seno ci si può rivolgere a
La Leche League Italia - Lega per l'allattamento materno, casella postale 1368, 20100 Milano; tel. segreterie nazionali: Roma 06-5258365; Firenze 055-781737; Brescia 030-3580275.

MAMI, Movimento Allattamento Materno Italiano, c/o Elise Chapin, Lungarno della Zecca Vecchia 22, 50122 Firenze, tel. 055-2341156

Per chi voglia approfondire il ruolo dell'alimentazione materna nello sviluppo del bambino nell'utero segnaliamo l'indirizzo dell'associazione americana per la protezione del nascituro attraverso la nutrizione
SPUN, Society for the Protection of the Unborn through Nutrition, 17 North Watash, Suite 603, Chicago, Illinois 60602, USA.

Per affrontare il problema delle allergie alimentari con l'aiuto di esperti disposti a fornire materiale d'informazione e consigli, nonché elenchi di medici specializzati nella cura delle allergie in tutto il mondo, ci si rivolga a
SMA, Servizi Medici Associati, via Ariosto 28, 20145 Milano, tel. 02-48008454
Studio PNA, Progetto Nutrizione Applicata, via Alberto da Giussano 11, 20145 Milano, tel. 02-43998110.

Una corretta nutrizione e la ricerca di intolleranze alimentari sono parte fondamentale dell'intervento riabilitativo proposto ai genitori di bambini portatori di handicap psicofisico e comportamentale; per saperne di più rivolgersi a
AGOR, via Villa 12, 37125 Verona, tel. 045-8302043.

Informazioni in materia di alimentazione nell'ambito di un generale orientamento antroposofico si trovano nei
Notiziari Weleda, da richiedersi gratuitamente alla AMOS, via Pessano 11, 20151 Milano, tel. 02-40090132.

Infine, materiale informativo vario in materia di alimentazione viene offerto gratuitamente su richiesta scrivendo a
Regione Lombardia - Direzione Generale Agricoltura - Servizio promozione dei prodotti e coordinamento delle funzioni delegate, piazza IV Novembre 5, Milano, tel. 02-67653777-67652578

Indice delle ricette

Indice

VALPIANA, Tiziana - PARONA, Matilde

Ricette per l'alimentazione naturale del bambino.

Novara, red edizioni, 1999
152 p. 24 cm (L'altra medicina, 198)

1. Fanciulli, Alimentazione

ISBN 88-7031-892-3
CDD 649.3

I volumi pubblicati da *red edizioni* sono corredati da una scheda bibliografica, redatta secondo le norme di catalogazione della Bibliografia Nazionale Italiana. Ciò vuole essere un contributo, certamente modesto ma concreto, al lavoro svolto dai bibliotecari italiani per un migliore funzionamento degli istituti in cui operano. L'iniziativa tende inoltre a favorire l'organizzazione delle informazioni bibliografiche in tutte le sedi della documentazione (biblioteche scolastiche, specializzate, aziendali) e presso professionisti, ricercatori e studiosi.

red edizioni
periodico mensile, numero 198/1999
registrato con il numero 8/78 presso il Tribunale di Como
direttore responsabile: Silvano Boroli

fotocomposizione: Nuoveparole, Como
finito di stampare nel mese di maggio 2002 da: Litolega, Nova Milanese (MI)